W0409486

Theresia Baschek

Die Weiße Magie der Hexe Theresia

Ein Ritualbuch für die Praxis

Verlag Peter Erd · München

Gewidmet meinem Mann und meinen Kindern.
In memoriam meiner Schwester Ruzica

Die in diesem Buch aufgeführten Ratschläge wurden von Autor und Verlag sorgfältig geprüft. Eine Garantie bzw. Haftung kann jedoch nicht übernommen werden.

1. Auflage 1999
Umschlagfoto: Fotostudio Dünnbier, Hautzenberg
Umschlaggestaltung: Friederike Lutz
Redaktion: Sohan Böttler
Lektorat, Satz, Gestaltung: Friederike Lutz
Copyright © Verlag Peter Erd, München 1999
Alle Rechte, auch die des auszugsweisen Nachdrucks, der Übersetzung und jeglicher Wiedergabe, vorbehalten.

ISBN 3-8138-0496-8

Inhalt

Teil V

Puppenmagie

Teil VI

Teil VII

Teil VIII

Zur Autorin

Hexe Theresia beschäftigt sich seit ihrem 14. Lebensjahr mit Magie, magischen Ritualen verschiedenster Kulturen und kosmischen Zusammenhängen. Seit vielen Jahren praktiziert sie erfolgreich mit viel Hingabe und Intuition ihre eigenen weißmagischen Rituale, die der Wicca-Magie sehr nahe stehen. Hexe Theresia, die verheiratet und Mutter von vier Kindern ist, wuchs in Niederbayern auf und lebt seit einiger Zeit auf einem alten Gutshof in der Nähe von Hamburg. Theresia ist ausgebildete Gesprächspsychologin und Seminarleiterin für autogenes Training. Sie ist auch Reiki-Meisterin und Lehrerin. Zur Zeit absolviert sie in Hamburg ein Studium zur Psychotherapeutin. Bekannt wurde sie durch Reportagen in namhaften Zeitungen und Zeitschriften sowie auch durch Fernsehinterviews bzw. Talkshows bei RTL und Sat 1. Wie bei allen vorherigen Veröffentlichungen und Fernsehinterviews möchte Theresia auch mit diesem Buch dazu beitragen, daß das Wissen der Magie weitergegeben wird und einen Platz in unserem täglichen Leben hat.

Danksagung

An dieser Stelle möchte ich mich bei meinem Mann und bei meinen Kindern bedanken. Mein Mann mußte oft beide Augen zudrücken, wenn ich mal wieder bis in die späte Nacht am Computer saß und mein magisches Wissen zu Papier brachte. Meine Kinder waren zu der Zeit etwas weniger lebhaft und versuchten, mich im Haushalt zu unterstützen, während ich tippte, aber insgeheim waren sie auch stolz auf ihre Mutter, da sie ja schließlich ein Buch schrieb und sie darin erwähnt werden. Ganz besonderer Dank gilt auch meiner Mutter, die sich rührend um meinen

Haushalt und um meine Familie kümmerte. Meiner Freundin Gunhild möchte ich an dieser Stelle Dank sagen, da sie mir immer wieder Mut zusprach, auch wenn es um die Auswahl der Rituale ging. Sie hörte bis spät in die Nacht hinein meine Formulierungsvorschläge an und unterstützte mich mit Rat und Tat. Danken möchte ich auch der bekannten österreichischen Malerin Ilse Kern. Ich bin stolz darauf, daß sie mir für mein Erstlingswerk so wunderschöne Aquarell-Elfen gemalt hat. Vielen Dank an den Verlag, der diese Veröffentlichung möglich gemacht hat.

An meine Leserinnen und Leser

Die Rituale, die in diesem Buch beschrieben werden, können natürlich sowohl von Personen männlichen wie weiblichen Geschlechts durchgeführt werden. Bitte sehen Sie mir nach, wenn ich meist weibliche Personen anspreche und nicht bei jedem Ritual schreibe: »Ihr Partner/Ihre Partnerin.« Ich möchte auf keinen Fall dem männlichen Geschlecht gegenüber diskriminierend erscheinen. Da die Lesbarkeit und die Übersichtlichkeit erheblich gelitten hätten und die meisten Nachfragen nach einem Buch von mir von Kundinnen stammen, habe ich beschlossen, die Ritualtexte für Leserinnen zu formulieren. Meine männlichen Leser sind bestimmt in der Lage, die Texte, die sie sagen oder schreiben müssen, entsprechend zu ändern. Ich bedanke mich bei den männlichen Lesern für Ihr Verständnis.

Ich wünsche allen Lesern, daß sich ihre Wünsche erfüllen.

Teil I

Grundsätzliches über Magie, Rituale und Götter

Schwarze oder weiße Magie?

Als ich anfing, als Hexe zu arbeiten, wurde ich oft von meinen Klienten gefragt, ob ich schwarze oder weiße Magie betreiben würde. Es ist mir aufgefallen, daß viele immer noch der Meinung sind, schwarze Magie sei stärker als weiße Magie. Natürlich muß man sich hier die Frage stellen, was ist überhaupt schwarze Magie? Die schwarze Magie hat ihre Wurzeln in den dunkelsten Bereichen des menschlichen Bewußtseins. Es ist also schwierig, sich vorzustellen, wie ich mit bösen Gedanken und dem Quälen von Lebewesen positive Schwingungen erreichen und somit Wesenheiten beeinflussen soll, die der Liebe oder einer Partnerzusammenführung dienlich sind. Ich bin aus unerschütterlicher Überzeugung eine weiße Hexe, denn nur mit Gutem kann ich Gutes erreichen, nur mit reiner und ehrlicher Liebe kann ich ehrliche und dauerhafte Liebe erhalten. Ab und zu bekomme ich Anfragen, ob ich nicht mit Magie und Dämonen einen Menschen ins Jenseits befördern könne, das wollten sich dann diese Kunden auch etwas kosten lassen. Doch ich bin der festen Überzeugung, daß niemand auf der Welt das Recht hat, einem anderen Schaden zuzufügen oder gar ihn zu töten. Denn alles Negative, das man aussendet, holt einen auch wieder ein. Man muß sich diesen Grundsatz vergegenwärtigen. Ich muß dem Göttlichen und allen Geschöpfen gegenüber mein Tun verantworten. Wie soll ich da vor der Schöpfung bestehen können, wenn ich selbst zerstörerisch handle.

Das Ziel der Schwarzmagier ist es, Macht über andere zu gewinnen. Sie haben die Überzeugung, indem sie beispielsweise unschuldige Tiere quälen und foltern, Macht über die Schöpfung zu erlangen. Weil sie zerstören können, bilden sie sich ein, stärker als das Göttliche zu sein. Der Schwarzmagier ist also der Gegenspieler des Göttlichen, sein Feind. In den verschiedensten heiligen Schriften der Religionen wird seit Jahrtausenden etwas anderes gelehrt: LIEBE. Mit ihr läßt sich mehr erreichen als mit Haß und Zerstörung. Der größte Feind eines Schwarzmagiers ist die Liebe und das Licht des Göttlichen, denn ein Schwarzmagier möchte die Macht haben und als Machthaber glorifiziert werden, jedoch will er nicht geliebt werden. Ich schlage ihn mit der gefährlichsten Waffe, der Liebe.

Voodoo und weiße Magie

Was ist eigentlich Voodoo? Diese Frage stellen mir viele meiner Klienten. Denn mit Voodoo verbinden sich meist abenteuerliche Vorstellungen. Viele meinen, es sei Zauber mit Puppen, der unwillkürlich immer Verlust, Schaden und Krankheit hervorbringt. Voodoo ist abgeleitet von »vaudau« und bedeutet im wörtlichen Sinne »gut«.

Diese Art von Magie wurde und wird hauptsächlich in den westafrikanischen Ländern praktiziert. Durch den Sklavenhandel im späten Mittelalter gelangte sie nach Amerika und in die Karibik. Voodoo ist nicht nur die Magie der westafrikanischen Länder, sondern sogar deren Religion. Deshalb darf es auch nicht verwundern, daß Voodoo Staatsreligion auf Haiti ist. Voodoo ist mittlerweile rund um den Erdball verbreitet und alles, was mit Puppenmagie zu tun hat, wird heute als Voodoo bezeichnet. Auch in Europa kennt man Puppenmagie schon seit Jahrhunderten. Es gibt die verschiedensten Formen von Puppenmagie beziehungsweise von Voodoo. Puppenmagie, wie ich sie praktiziere, steht nicht im Widerspruch zur weißen Magie, sondern unterstützt oder verstärkt sie. Der augenfälligste Unterschied besteht darin, daß man nicht nur Kerzen und Weihrauch benutzt, sondern zusätzlich auch mit Puppen arbeitet. Das hängt damit zusammen, daß man das Ritual nicht nur mit Geisteskraft alleine bewirkt, sondern sich mit einer Puppe, welche Haare oder ein Kleidungsstück der Person, der man helfen will, enthält, die Energie dieser Person zunutze machen und sie so positiv beeinflussen kann. Diese Puppen helfen dann als Energieträger. Damit erreicht eine Hexe, daß ihre meditativen Kräfte über die Puppen direkter ans Ziel gelangen. Hier möchte ich Ihnen eine kleine Begebenheit nicht vorenthalten.

Koko

KOKO ist eine afrikanische Voodoo-Puppe und mein treuer Talisman und Begleiter bei jeder größeren Unternehmung. Voodoo-Puppen können eine unglaubliche Stärke und Energie in sich tragen und somit auch Energien aussenden. Nur so läßt sich erklären, daß KOKO zu mir Kontakt aufgenommen hat. Mit meinem Mann war ich unterwegs zu Kunden, da fing unser Auto an zu ruckeln. Wir verließen die Autobahn, und mein Mann lenkte das Auto auf Umwegen, völlig unverständlich für mich, über Landstraßen Richtung Heidelberg. Aber irgendwie hatten wir beide das Gefühl, wir müßten dorthin. In Heidelberg angekommen schlenderten wir durch die Altstadt und plötzlich sah ich im Schaufenster meinen KOKO. Mein Herz begann zu rasen, es pochte bis zum Hals und in meinem Magen kribbelte es, als ob zigtausende Ameisen darin einen Ameisenhaufen errichten wollten. KOKO stand im Schaufenster und wollte zu mir. Ich fühlte das ganz tief in mir drinnen, und es stieg in mir eine Liebe zu der Puppe auf, die ich nicht erklären kann. Der Inhaber des Geschäftes wollte mir zunächst die Puppe nicht verkaufen, er erzählte mir KOKO's Geschichte:
KOKO stammte aus Afrika und wurde von einem Voodoopriester des Stammes Ewe gefertigt und für ein Fruchtbarkeitsritual namens Kokofree verwendet. Kokofree wurde nur dann ange-

wendet, wenn der Stamm Nahrung und eine reiche Getreideernte nötig hatte. Während der Geschäftsinhaber uns die Herkunft KOKO's erläuterte, muß in ihm etwas vorgegangen sein, denn plötzlich sagte er zu mir: »Nur Sie können die Puppe erwerben.« Ist das nicht seltsam? Seitdem ist KOKO mein ständiger Begleiter und ich hoffe, daß KOKO bei mir bleibt und nicht eines Tages wieder einen anderen Besitzer ruft.

»KOKO«, mein treuer Wegbegleiter

Makumba

Makumba ist die pure weiße Magie. Er ist ein sehr mächtiger Zauber, der von der schwarzen Bevölkerung Brasiliens praktiziert wurde. Diese Art von Magie erfüllt nur die Wünsche der Menschen, die aus Liebe handeln. Bei dieser Magie belastet man sein Karma nicht. Als Opfergaben werden Speisen verwendet, zum Beispiel Früchte, Brot, Wein und Reis. Makumba kann man für Liebe, Schutz, Glück, aber auch für Macht verwenden, jedoch sollte diese Macht nur der Liebe zu den Menschen dienen, sonst bewirkt ein solcher Zauber das absolute Gegenteil.

Eine Einführung in das magische Denken

Es kann kein Zweifel darüber bestehen, daß in der Natur wie auch im Universum Kräfte wirksam sind, die wir mit dem bloßen Auge nicht wahrnehmen können. Schon immer versuchten und versuchen Magierinnen, Hexen und Zauberer, sich diese Kräfte nutzbar zu machen. Dabei ist einer der wichtigsten Grundsätze des Universums zu beachten, die auf den Smaragdtafeln des Hermes Trismegistos geschrieben stehen, »alles, was oben ist, ist auch unten, alles, was unten ist, ist auch oben«. Bei Einhaltung dieses Grundsatzes ist es erlaubt, die Kräfte der Natur für sich zu nutzen, jedoch sollte man beherzigen, daß dies nicht nur so zum Spaß gemacht werden darf und nicht nur unter materiellen Gesichtspunkten.
Weiterhin muß beachtet werden, daß alle Energien, die von einem Menschen ausgesendet werden, nicht verlorengehen, sondern durchaus ihr Ziel erreichen können, wenn man sie richtig bündelt und auch richtig einsetzt. Vor allem sollten Sie nie daran zweifeln, daß Ihre magische Arbeit ihr Ziel erreichen wird!

Aus langjähriger Erfahrung mit meinen Kunden weiß ich, daß alles sofort und am besten schon vorgestern erreicht sein soll. Dies ist natürlich so nicht möglich. In der Magie braucht alles seine Zeit. Dies läßt sich schon daraus erklären, daß in der Magie, die wir praktizieren, Einfluß auf die kleinsten Teilchen im Kosmos genommen wird, zum Beispiel mit Kerzenlicht und Duftölen oder mit Kräutern oder ganz einfach mit Worten oder mit Lauten. Dies alles bewegt wiederum kleine Teilchen, und die formieren sich zu einer gewaltigen Kraft. Man kann sich das etwa so vorstellen, wie bei einem Schneeball, der eine Lawine auslöst. Grundvoraussetzung ist demnach auch, daß Sie ein Ziel haben.

Anhand eines einfachen Beispiels möchte ich Ihnen erklären, wie erreicht werden kann, daß Sie einen Arbeitsplatz erhalten, eine bessere Stellung bekommen oder eine Prüfung bestehen. Selbstverständlich reicht es nicht aus, in eine grüne Kerze zu starren und zu hoffen, das alles erledige sich von selbst.

Sie müssen sich für eine Stelle bewerben oder sich auf eine Prüfung vorbereiten, damit Sie ein Ziel vor Augen haben, auf das Sie sich konzentrieren können. Prägen Sie sich die Namen der Vorgesetzten und die Namen der Personalchefs ein, wenn Sie Antwort erhalten haben, daß Ihre Bewerbungsmappe eingegangen ist. Am besten, Sie sprechen unangemeldet vor, damit Sie zumindest mit den Personen des Vorzimmers Kontakt aufgenommen haben. Sollten Sie abgewimmelt werden, bedanken Sie sich dennoch für die Freundlichkeit, die Ihnen entgegengebracht worden ist. Das kleine Wort »danke« wirkt Wunder, man wird sich an Sie positiv erinnern, wenn Sie dann zu einem Gespräch geladen werden. Wie gesagt, auch Worte und Laute haben magische Wirkung. Doch dazu später. Nun haben Sie schon einen Grundstock, auf den Sie sich dann während des Rituals konzentrieren können.

Sie sollten sich auch darüber im klaren sein, daß es, zum Beispiel bei den Kerzenritualen, nicht genügt, eine Kerze anzuzünden und anzunehmen, das Ereignis werde dann schon eintreten. Sie müssen sich immer auf Ihren Wunsch und auf Ihr Ziel konzentrieren, es sich bildlich vorstellen (visualisieren), und Sie müssen dem Göttlichen vertrauen, das heißt, Sie dürfen nie daran zweifeln, daß das, was Sie während und nach einem Ritual denken, eintreffen wird. Wenn Sie an Ihrer Arbeit oder an der magischen Arbeit grundsätzlich zweifeln, dann sollten Sie am besten die Finger davon lassen, denn damit verschlimmern Sie nur alles, weil Sie, indem Sie zweifeln, die göttliche Kraft in Frage stellen. Und das sollten Sie nie tun! Denn Hermes Trismegistos, von dem seit dem Altertum berichtet wird, er sei der Vermittler zwischen Göttern und Menschen, hat auch auf den ihm zugeschriebenen Smaragdtafeln, dieses göttliche Gesetz niedergeschrieben:

»Das ist die starke Kraft aller Kraft. Denn sie wird über deine Feinde siegen und alles Feste durchdringen.«

Dieser Satz ist einer meiner Leitsätze. Und wenn ich die göttliche Kraft anrufe, vertraue ich auch auf diese. Denn wenn Sie bei Ihrem Vorhaben mit sich und Ihrem Ziel im reinen sind, brauchen Sie auch nicht daran zu zweifeln, daß das Göttliche Ihnen helfen wird. Ich sage Ihnen dies aus meiner Erfahrung und aus dem Umgang mit meinen Klienten. Bei Kunden, welche die Kräfte der Magie immer wieder in Frage stellen, dauert z. B. eine Partnerzusammenführung oder Partnertrennung meist doppelt so lange, weil die Kunden aufgrund ihrer manchmal schon sehr schlechten Erfahrungen immer nur das Negative sehen wollen. Sie malen sich dann in den schwärzesten Farben aus, was ist, wenn die Geliebte nun doch hübscher ist oder die Ehefrau ihn

unter Druck setzt oder schon zig Ärzte gesagt haben, sie können nicht helfen.
Sie müssen sich selbst annehmen und sich selbst helfen, das heißt, Sie müssen Ihre Energie ganz auf Ihr Ziel und auf sich lenken und nicht das Negative bestärken, indem Sie es immer wieder bildlich hervorrufen.

Grundsätzliches zu allen Ritualen

Alle Rituale erfordern Zeit und Konzentration. Während der Zeremonie sollten Sie sich nicht ablenken lassen; sorgen Sie bitte dafür, daß Sie weder durch Klingeln an der Haustüre noch durch Telefon oder durch Ehemann, Freund oder Kinder gestört werden. Sie sollten sich vor jedem Ritual, sei es auch noch so einfach auszuführen, reinigen. Natürlich müssen Sie nicht bei jedem Ritual ein Vollbad nehmen, jedoch sollten Sie immer Ihr Gesicht, Ihre Hände und den Körper mit Salzwasser besprengen. Bei den großen Ritualen empfehle ich Ihnen, daß Sie die Reinigung so vollziehen, wie ich es Ihnen im Ritual der Reinigung Ihrer Aura beschreibe. Mit einem Salzwasserbad waschen Sie alle negativen Einflüsse und Energien ab, die Ihr Ritual stören könnten. Ganz wichtig ist, daß Sie vor jedem Ritual sich selbst mit Energie aufladen. Wie das geht, lesen Sie unter »Was bedeutet erden« (siehe Seite 27).

Ein besonders wichtiger Punkt ist auch, daß Sie sich und Ihr Ritual vor negativen Energien und Einflüssen, Dämonen und Verfluchungen schützen. So sollten, je nach Ritual, das Ziehen der anrufenden oder bannenden Pentagramme, das Auslegen eines sogenannten magischen Kreises und das Anrufen der Wächter feste Bestandteile, oder vielleicht besser gesagt, feste

Unterrituale vor Ihrem eigentlichen Ritual sein. Wie man die Pentagramme zieht, lesen Sie im Kapitel »Die Schutzpentagramme« (siehe Seite 31), das Anrufen der Wächter ist im Kapitel »Die Anrufung der Wächter« (siehe Seite 34) erklärt. Bei den Ritualen, die in diesem Buch beschrieben werden, habe ich immer wieder darauf hingewiesen, daß Schutzmaßnahmen notwendig sind. Lassen Sie sich bitte nicht täuschen und glauben Sie nicht, daß der Schutz bei dem einen oder anderen Ritual nicht so wichtig wäre, weil ich die Schutzmaßnahmen bei diesen Ritualen nur mit ein oder zwei Sätzen erwähnt habe.

Vor allen Ritualen sind umfangreiche Schutzvorkehrungen zu treffen.

Sie sollten sich auch zu eigen machen, daß Sie sich bei jedem Ritual ehrfurchtsvoll und mit dem angebrachten Respekt, aber auch mit Vertrauen und Zuversicht dem Altar nähern und entfernen. Da in einem Buch nichts langweiliger ist als ständige Wiederholungen, habe ich dies, genauso wie die sich wiederholenden Schutzvorbereitungen, bei den Ritualen nicht immer wieder beschrieben und angeführt. Dennoch, eine entsprechende Annäherung und Entfernung sollte Ihnen in Fleisch und Blut übergehen und bei jedem Ritual praktiziert werden. Lesen Sie dazu auch das Kapitel »Wie nähere ich mich dem Altar« (siehe Seite 28).
Einen weiteren Grundsatz sollten Sie stets beherzigen, nämlich den, mit niemandem über Ihre magische Arbeit zu sprechen. Schweigen ist hier eigentlich der beste Schutz, damit kein anderer Ihre magische Arbeit zerstören kann. Stellen Sie sich nur vor, daß derjenige, mit dem Sie über Ihre magische Arbeit gesprochen haben, ständig daran denkt und seine möglicherweise negativen Gedanken in Ihr Ritual einfließen läßt.

Meditationsübungen

Für alle Rituale sollten Sie in der Lage sein, sich richtig zu konzentrieren. Dies ist unabdingbar für das Erreichen Ihres Zieles. Ich stelle Ihnen hier ein paar bekannte Meditationsübungen vor. Eine Grundhaltung für Meditieren wäre: Sie sitzen bequem im Schneidersitz, die Hände liegen locker auf den Knien, die Handflächen zeigen dabei nach oben und der Mittelfinger berührt leicht den Daumen.

Rosenmeditation
Die Rosenmeditation ist eine Meditation für alle Liebesangelegenheiten. Sie dient dazu, sich zu sammeln und die Liebe zu allen Lebewesen zu stärken. Insbesondere kann durch sie erreicht werden, daß der sogenannte Feind freundlicher wird, wenn man ihn in das Rosenmeditationsritual einbindet.

Nehmen Sie eine entspannte Haltung ein, Ihre Fußsohlen sollten jedoch den Fußboden berühren, damit Sie geerdet sind. Beginnen Sie nun, sich eine rosarote Rosenknospe in Ihrer Herzgegend vorzustellen. Diese blüht auf und wächst ganz durch Sie hindurch. Sie sind nun ganz und gar eine rosarote Rosenblüte. Versuchen Sie nun, den Duft der Rose wahrzunehmen und behalten Sie den Duft ungefähr 20 Sekunden im Gedächtnis.
Diese so gewonnene Energie lenken sie nun auf jemanden, der Ihnen am Herzen liegt, auf einen kranken Körperteil, auf irgendein Lebewesen. Bitten Sie nun um Frieden und Harmonie für sich und für andere. Sie können jetzt auch Ihre ganze Liebe auf jemanden lenken, von dem Sie wissen, daß er Sie nicht mag. Wünschen Sie sich, daß sich diese Person positiv verändert. Dann sagen Sie zu ihr in Gedanken: »*Die Liebe sei mit Dir!*«

Nach der Meditation erden Sie sich und stehen auf. Sie werden sehen, daß Sie den ganzen Tag hindurch ein Glücksgefühl umgibt.

Mit diesem Bild können Sie sich eine aufblühende Rose noch intensiver vorstellen.

Baummeditation

Gehen Sie hinaus in die Natur und suchen sich einen Baum aus, der Ihnen ganz besonders gut gefällt. Sprechen Sie ihn an und bitten ihn, daß er Ihnen von seiner Energie abgeben möge. Sie umarmen dabei den Baum und stellen sich vor, wie dieser Sie schützend umfängt und wie seine positive Energie Sie mit durchströmt, wie sie ihn selbst durchströmt. Sie werden eins mit dem Baum.

Bedanken Sie sich bei dem Baum, daß er Ihnen Kraft gegeben hat. Besuchen Sie Ihren Baum so oft wie möglich. Sie werden feststellen, daß Sie von ihm immer Kraft bekommen, insbesondere dann, wenn Sie verzweifelt sind.

Lichtkugelmeditation

Legen Sie sich entspannt auf den Boden, dabei winkeln Sie Ihre Beine leicht an, und zwar so, daß die Fußsohlen den Fußboden flach berühren. Stellen Sie sich nun ein positives, goldenes und angenehm warmes Licht vor, das über Ihrem Körper schwebt. Versuchen Sie ganz normal zu atmen, wie es Ihr Atemreflex vorgibt. Wenn Sie nun gleichmäßig atmen, stellen Sie sich vor, wie Sie dieses Licht in sich hineinatmen. In Gedanken bündeln Sie das goldene Licht in Ihrem Körper, und zwar unterhalb des Nabels, zu einer wunderschönen goldenen Lichtkugel. Von dort aus lassen Sie es dann über Ihren ganzen Körper strömen. Diese Meditation hilft Ihnen, Blockaden in sich zu lösen und kosmische Energie zu tanken. Sie können diese Übung auch im Freien bei Vollmond machen. Stellen Sie sich dabei vor, wie das Mondlicht durch Ihren Körper strömt und Ihnen Kraft gibt.

Die aufgehende Sonne ist ein wunderschönes Motiv für eine Lichtkugelmeditation

Magie des Wortes

Ein gesprochenes Wort kann vieles bewirken. Diese Tatsache ist seit Jahrtausenden bekannt. Im Alten Testament wird sogar davor gewarnt, Worte falsch zu benutzen.

»Hüte deine Zunge, denn wer mit dem Maul herauslauft, über den kommt Verderben.«

Das gilt auch für die Magie. Sprechen Sie nicht mit anderen über die Rituale, die Sie zelebrieren. Teilen Sie auch niemandem Ihre Gedanken und Zweifel mit. Denn damit können Sie zum einen Ihrem Ritual die Kraft nehmen, zum anderen ist ein gesprochenes Wort nichts anderes als gebündelte Energie. Das heißt, die Gedanken, die Sie hegen, sind schon Energie, sprechen Sie diese auch noch aus, dann verstärken Sie diese Wirkung. Sie wissen aber dabei nicht, welche Elemente und Wesen dieses Wort aufnehmen und Schaden anrichten. Nicht umsonst klopft man dreimal auf Holz, wenn man einen Wunsch geäußert hat. Oft werden auch Sätze in banale Redewendungen gekleidet, beispielsweise:

»Ich will ja nichts gesagt haben.«

Wie Sie sicherlich wissen, praktiziere ich Rituale nicht nur für meine Freunde, meine Familie und für mich, sondern auch im Auftrag für meine Kunden. In den Informationsgesprächen vor meiner eigentlichen magischen Arbeit sage ich auch immer wieder, daß meine Klienten mir jetzt alle Ängste und Zweifel erzählen sollen, denn würden sie dies während meiner magischen Arbeit machen, würden sie den Erfolg verringern oder mit den Negativgedanken die ganze Arbeit zerstören. Bei einer Kundin war dieses Phänomen besonders krass. Jeder Zweifel und jedes negative Wort, das sie während des Rituals aussprach, jeder verzweifelte Gedanke, traf auch ein. Sie mußte wirklich den ganz harten Weg gehen, bis sie endlich verstand und glaubte, daß ein gesprochenes Wort unendliche Kraft besitzt; denn was ausgesprochen wird, geschieht auch. Heute hat sie sich im Griff und spricht keine Gedanken mehr aus, die sie nicht verwirklicht haben will. Und schon gar keine negativen.

In der Magie aber spricht man jede Formel laut.

Leitsatz der weißen Hexen und Magier:

»Tue was du willst,
aber schade niemandem.«

Reinigung der Aura

Vor jedem Ritual sollten Sie sich und Ihre Aura reinigen. Vor jedem Ritual sollten Sie deshalb ein Bad nehmen und in dieses Badewasser eine Handvoll Salz geben. Bei kleinen Ritualen kann es durchaus genügen, wenn Sie sich mit Salzwasser besprengen oder die Hände waschen. Salz hat eine reinigende Wirkung. Alles Negative wird durch das Salz von Ihnen weggewaschen.

Nehmen Sie also ein Bad und entspannen Sie sich. Lassen Sie alle Gedanken vorüberziehen wie Wölkchen am Sommerhimmel. Unterdrücken Sie aufkommende Gedanken auf keinen Fall, sondern lassen Sie diese kommen und gehen. Dabei achten Sie darauf, daß Sie gleichmäßig atmen.

Nach einer gewissen Zeit werden Sie feststellen, daß keine quälenden Gedanken mehr in Ihnen aufkommen. Nun stellen Sie sich vor, wie über Ihnen eine goldene Lichtkugel schwebt. Dieses goldene Licht durchfließt ganz langsam Ihren Körper. Das geschieht ähnlich wie bei der Lichtkugelmeditation. Mit jedem Einatmen fließt das goldene Licht in Sie hinein und breitet sich in Ihrem Körper aus, bei jedem Ausatmen fließt alles Negative aus Ihnen heraus. Wenn Sie sich selbst nun in goldenes Licht gehüllt haben, und zwar vollständig, ist dies wie eine Rüstung, die Sie umgibt und schützt.
Jetzt haben Sie Ihre Aura gereinigt und können mit Ihrem Ritual beginnen, indem Sie sich bildlich vor Augen führen, was Sie mit diesem Ritual erreichen möchten.

Lassen Sie negative Gedanken oder Zweifel einfach dahinziehen wie Wolken am Himmel.

Was bedeutet erden?

Erden heißt ganz einfach, Sie stehen mit beiden Beinen fest auf dem Boden und holen sich von der Erde Energie für ein Ritual, indem Sie diese in sich aufsteigen lassen. Diese Energie sammelt sich im Solar-Plexus-Bereich. Er befindet sich im unteren Brustraum hinter dem Brustbein, etwa da, wo es unten endet. Dort wird diese Energie zu einem angenehm hellen und warmen Leuchten. Während eines Rituals verwenden Sie diese Energie für Ihren Wunsch. Das heißt, Sie senden diese Energie aus, um Ihr genau vorbestimmtes Ziel zu erreichen und zu ändern oder neu entstehen zu lassen.

Wenn Sie dabei mit Puppen arbeiten, wie im Kapitel »Puppenmagie« (siehe Seite 79) beschrieben, können Sie diese Energie noch besser bündeln, da Sie sich ja die Person in Gestalt der Puppe noch besser vorstellen können. Diese gesammelte Energie geben Sie über das Ritual wieder zurück.

Nach einem Ritual sollten Sie sich wieder erden, aber diesmal, um Restenergie abzugeben. Dies sollten Sie auf jeden Fall tun, damit diese Energien, die Sie möglicherweise bei einem Ritual nicht vollständig abgegeben haben, nicht durch andere Tätigkeiten »verunreinigt« werden und eventuell dadurch das Ritual gefährden.

Einen Zauber binden

Wenn Sie ein Ritual durchgeführt haben und der Erfolg eingetreten ist, dann sollten Sie diesen binden. Dabei gehen Sie folgendermaßen vor: Bei Liebesritualen nehmen Sie eine rote Kerze und bedanken sich bei den angerufenen Gottheiten, daß sie Ihre Bitten erhört haben. Ritzen Sie Ihren Dank in die rote Kerze und binden einen roten Bindfaden um dieselbe und sprechen Sie, wobei Sie neun Knoten binden, bei jedem Knoten:

»Der Zauber ist gebunden
durch alle Kraft aus drei mal drei.

Der Zauber soll sich nicht wenden
und auch nicht blenden.

Er soll so bleiben
in alle Zeiten.«

Bei den anderen Ritualen nehmen Sie natürlich die Kerze und den Bindfaden in der Farbe, die dem entsprechenden Ritual zugeordnet ist (siehe Kapitel »Bedeutung der Kerzenfarbe« Seite 47).

Wie nähere ich mich dem Altar

Der Altar ist das Zentrum des Rituals. Er steht als Symbol für die göttliche Gegenwart. Deshalb sollte ihm beim Betreten und Verlassen des Raumes stets eine entsprechende Würdigung zukommen. Der Altar sollte immer nach Osten ausgerichtet sein, um dem Nahen des göttlichen Lichtes zu huldigen. Hierzu möchte ich bemerken, daß in jeder Religion die Gebetshaltung nach Osten ausgerichtet ist. Denn das aufgehende Licht steht für Leben, und alles Leben ist göttlich.

Es ist wichtig, daß man sich der göttlichen Macht und ihrer Gegenwart bewußt ist. Haben Sie Respekt, aber auch Vertrauen und Zuversicht. Eine höchst bedeutsame Ritualhandlung ist

deshalb, neben dem Herrichten und Schmücken, auch die Art und Weise, wie Sie sich dem Altar nähern, da Sie auch dadurch die göttliche Macht ehren können, die ihre Anwesenheit durch den Altar symbolisiert. Vielleicht können Sie ja auch das Göttliche erfühlen, wenn nicht, seien Sie trotzdem sicher, es ist auf jeden Fall anwesend.
Wenn Sie Ihren Altar gedeckt haben, nähern Sie sich ihm also mit dem nötigen Respekt, indem Sie sich verbeugen, bevor Sie die weißen Altarkerzen anzünden. Danach nehmen Sie entweder eine Gebetshaltung oder eine Anrufungshaltung ein, dann setzen Sie sich in Meditationshaltung und konzentrieren sich auf die Flamme, werden Sie sich der Gegenwart der Gottheit bewußt, die Sie durch die Kerzen anrufen. Lassen Sie dieses Bewußtsein so stark wie möglich werden.
Fühlen Sie nun richtig die ungeheure Anziehung, die das Göttliche auf Sie ausübt. Versuchen Sie mit dem Göttlichen eins zu werden. Bewegen Sie sich so lange nicht, bis Sie das Gefühl haben, daß nicht Sie sich bewegen, sondern daß das Göttliche dahintersteht und Sie von ihm geführt werden. Diese Bewegung wird sein, daß Sie sich erheben und sich mit einigen kleinen Schritten dem Altar nähern und nun Ihr Ritual beginnen und vollziehen. Ebenso ziehen Sie sich nach Beendigung des Rituals vom Altar zurück, indem Sie rückwärts einige kleine Schritte machen und sich in Gedanken vom Göttlichen verabschieden.
Sie werden wieder das Gefühl bekommen, daß Sie Ihre Handlungen selbst vornehmen und nicht mehr das Göttliche durch Sie handelt. Seien Sie jedoch gewiß, daß das Göttliche allgegenwärtig und in Ihnen ist und Sie nicht alleine in der Unendlichkeit sind.

Anrufungshaltung

Wenn Sie eine Gottheit anrufen, nehmen Sie bitte folgende Anrufungshaltung ein: Strecken Sie beide Arme seitlich aus, und zwar so, daß Ihre Handflächen nach oben zeigen. Schauen Sie dabei in die entsprechende Himmelsrichtung, bei Aradia zum Beispiel in Richtung Mond, bei Venus in Richtung Süden. Bei den folgenden Ritualen habe ich immer angegeben, wenn Sie in eine bestimmte Richtung blicken sollen. Wenn nichts erwähnt ist, richten Sie sich immer zum Altar aus, denn dort ist der Sitz des Göttlichen.

Anrufungshaltung bei einem Jupiterritual.

Gebetshaltung

Als Gebetshaltung können Sie eine bequeme Sitzhaltung wie bei einer Meditation einnehmen. Sie sitzen im Schneidersitz, beide Arme liegen locker auf den Knien, achten Sie bitte darauf, daß die Handflächen nach oben zeigen. Ergänzend bin ich dazu übergegangen, wenn ich das Gefühl habe, die angerufene Gottheit ist bei oder in mir, die Arme vor der Brust zu kreuzen, um das Göttliche zu umarmen, gleichsam eins zu sein mit ihm.

Die Schutzpentagramme

Das Erden, Energiesammeln, sich körperlich und geistig Reinigen und die würdigende Annäherung an den Altar sind alles Grundbestandteile bzw. die ersten Unterrituale in einem großen Ritual. Jetzt folgt ein weiterer wichtiger Teil.
Um sich und Ihr Ritual zu schützen, ziehen Sie in alle vier Himmelsrichtungen ein anrufendes Pentagramm. Grundsätzlich gilt, daß anrufende Pentagramme bei mitteilenden, flehenden und erbittenden Ritualen verwendet werden. Bei Ritualen zur Abwehr von Schaden oder bei Schadensritualen verwendet man bannende Pentagramme. Die Reihenfolge der Himmelsrichtungen, in welche die Pentagramme nacheinander gezogen werden, ist in allen Fällen: Osten, Süden, Westen, Norden.

Wie Sie die Pentagramme ziehen, ist auf den nachfolgenden Tafeln festgehalten. Die erste Zugrichtung ist durch den großen Pfeil gekennzeichnet, und ohne abzusetzen ziehen Sie den fünfeckigen Stern fertig, bis Sie wieder am Ausgangspunkt angelangt sind.

Das Ziehen der Pentagramme mit einem Hexendolch

Anrufende Pentagramme

Osten, anrufend
(Luftelement)

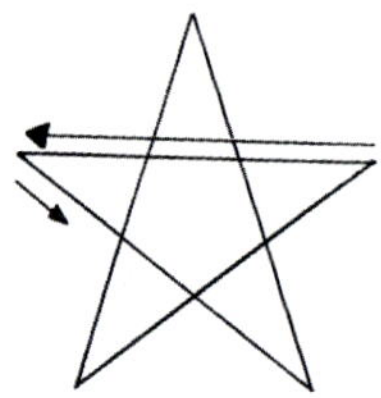

Süden, anrufend
(Feuerelement)

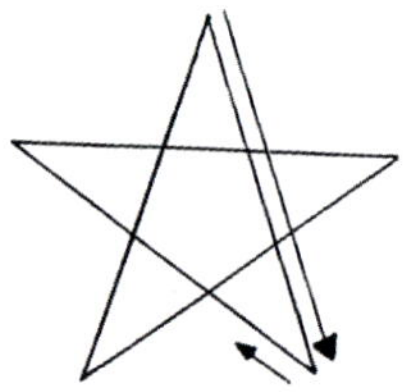

Westen, anrufend
(Wasserelement)

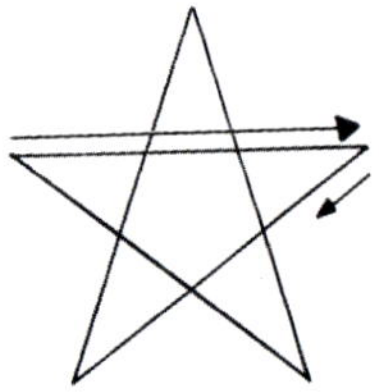

Norden, anrufend
(Erdelement)

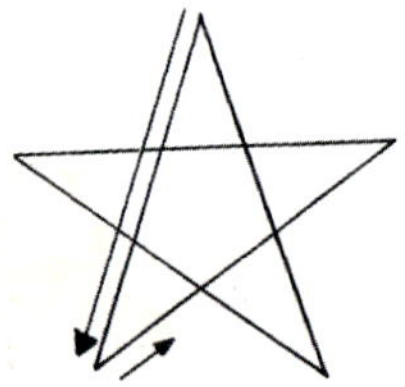

Bannende Pentagramme

Osten, bannend
(Luftelement)

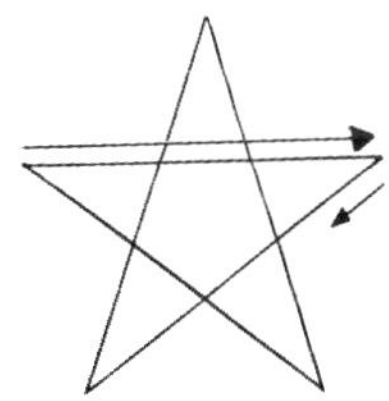

Süden, bannend
(Feuerelement)

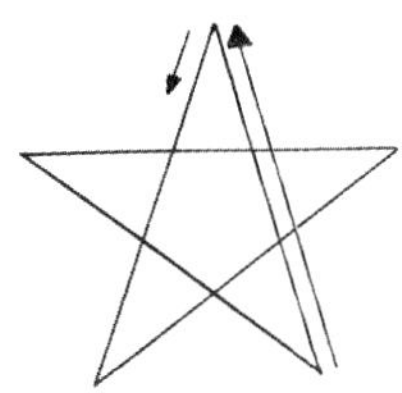

Westen, bannend
(Wasserelement)

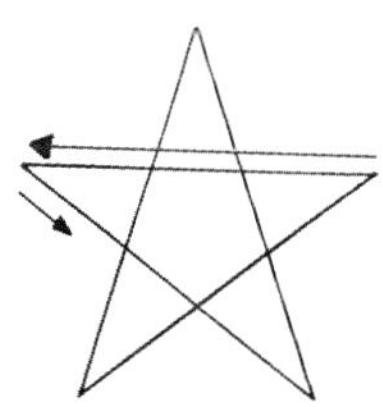

Norden, bannend
(Erdelement)

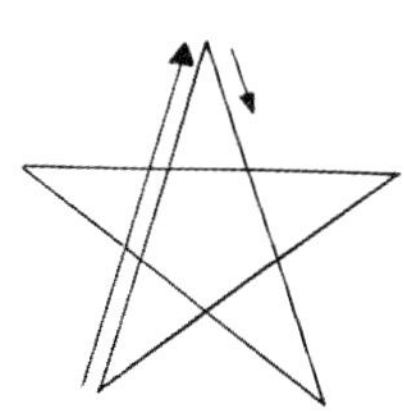

Die Anrufung der Wächter

Jetzt rufen Sie die vier großen Wächter der Himmelsrichtungen und der Elemente. Bei kleinen Kerzenritualen rufen Sie die Wächter so herbei:

»Ihr großen Wächter des Ostens, des Südens, des Westens und des Nordens, öffnet Eure Tore, um ... (Name der Gottheit) Einlaß zu gewähren.«

Oder:

»Ihr großen Wächter des Ostens, des Südens, des Westens und des Nordens, bewacht dieses Ritual.«

Für die großen Rituale, die Planetenrituale und für die Puppenmagie stellen Sie sich zunächst in Richtung Osten und rufen:

»Ihr großen Wächter des Ostens, Ihr mächtigen Herrscher der Luft, des Windes und des Sturmes, Euch rufe ich herbei und erbitte Euren Schutz.«

Stellen Sie sich anschließend in Richtung Süden und rufen Sie:

»Ihr großen Wächter des Südens, Ihr mächtigen Herrscher des Feuers und der Blitze, Euch rufe ich und erbitte Euren Schutz.«

Stellen Sie sich in Richtung Westen und rufen Sie:

»Ihr großen Wächter des Westens, Ihr mächtigen Herrscher des Meeres und der Tiefen, Euch rufe ich und erbitte Euren Schutz.«

Stellen Sie sich nun in Richtung Norden und rufen Sie laut:

»Ihr großen Wächter des Nordens, Ihr mächtigen Herrscher der Erde, Euch rufe ich und erbitte Euren Schutz.«

Rufen Sie nun, indem Sie wieder auf Ihren Altar schauen, aus:

»Behütet und beschützt dieses Ritual vor allen Gefahren und öffnet das Tor, damit ... (Name der angerufenen Gottheit) hier anwesend sein kann.«

Im Anschluß würden Sie jetzt die Räucherung und die Kerzen anzünden und mit dem eigentlichen Ritual beginnen.

Die wichtigsten Ritualgegenstände

Für die nachstehenden Rituale brauchen Sie die folgende Grundausstattung.

Verschiedene Ritualgegenstände

Kerzenständer, einen Räucherkessel gefüllt mit Sand oder Salz, zwei Halter für Räucherstäbchen, einen Hexendolch, einen Zauberstab, das ist meist ein Weidenstock, den man selbst geschnitten hat, einen Totenkopf (aus Gips), einen roten Schutzkreis, das ist eine ca. elf Meter lange, rote Kordel, an deren Enden Bergkristallspitzen befestigt sind, auf jeden Fall Stecknadeln, einen Bergkristall, einen Kelch, eine kleine Glasschüssel mit Salzwasser, Decken für den Altar, in den Farben: weiß, silberfarben, rot, rosa, orangefarben, grün, blau, gelb (goldfarben), violett und schwarz. Sie sollten auch immer weiße Altarkerzen zu Hause haben. Für alle Venus-Liebesrituale sollten die Kerzenständer sowie der Weihrauchkessel und die Räucherstäbchenhalter aus Kupfer sein, denn das ist der Venus zugeordnet. Andere Liebesrituale können Sie mit Ritualgegenständen aus beliebigen Materialien und Metallen durchführen.
Wenn Sie in größerem Umfang magisch arbeiten wollen, sollten Sie durchgefärbte Kerzen in allen wichtigen Farben (siehe Altardecken) vorrätig haben, Wachs oder Stoff, um sich Voodoo-Puppen zu fertigen, außerdem roten und schwarzen Bindfaden. Sollten Sie Trennungsrituale und Schadensabwehrrituale zelebrieren wollen, so besorgen Sie sich noch einen schwarzen Totenkopf und einen schwarzen Turmalin. Sie benötigen auch diverse Räucherungen, entweder lose und teilweise gemahlen, zum Verbrennen auf glühender Räucherkohle, oder als Räucherstäbchen verarbeitet.

Bevor Sie sich ans Werk machen, um das eine oder andere Ritual zu zelebrieren, ist es sicher sinnvoll, wenn Sie schon einige Tage vor dem Ritual kontrollieren, ob Sie auch alle beschriebenen Zubehörteile zur Verfügung haben. Nichts ist ärgerlicher, als feststellen zu müssen, daß möglicherweise dieses oder jenes fehlt, und man in letzter Minute loseilt, um gestreßt alle Utensilien zusammenzubekommen. Manche Leserinnen und Leser dürften auch das Problem haben, daß es in ihrem Ort keinen Esoterikladen gibt und sie dadurch auf den Versandhandel angewiesen sind. Am Ende des Buches finden Sie meine Adresse, ich sende Ihnen gerne die benötigten Gegenstände.

Die Hexenschrift

Wenn Sie Kerzen, Pergament oder Talismane herstellen und diese beschriften, sollten Sie dies in der Geheimschrift der Hexen tun. Ich finde das nicht nur deshalb wichtig, weil diese Schrift aus alten Zeiten überliefert worden ist und seit vielen Jahrtausenden verwendet wird, sondern insbesondere deshalb, weil ein Unbefugter diese Schrift nicht entziffern kann und somit Ihr Ritual oder die Kraft Ihres Talismans geschützt ist. Sie wissen ja, jeder kann gedanklich in subtilster Weise gegen das von Ihnen gewünschte Ziel vorgehen, wenn er dieses kennt.

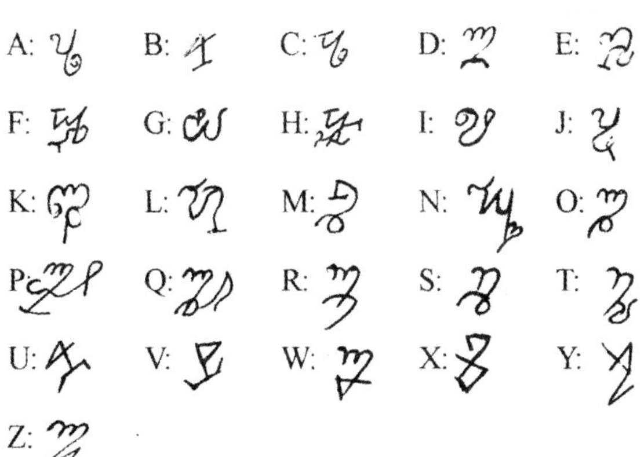

Hexenschrift

Wie verfahre ich mit Wachsresten und Resten von Räucherwerk

Grundsätzlich gilt, daß Sie auch mit den Resten von Ritualzubehör, wie Wachsresten, Resten von der Räucherung sowie Früchten oder Blumen, sorgsam und ehrfurchtsvoll umgehen müssen. Zum einen sind dies ja wichtige Opfergaben, z. B. an das Göttliche, gewesen und gehören somit auch dem Göttlichen, zum anderen sind es auch Ritualgegenstände, auf die kein anderer außer Ihnen selbst Zugriff haben sollte. Die Wirkung der gesamten Zeremonie könnte sonst zunichte gemacht oder im schlimmsten Fall auch ins Gegenteil gekehrt werden.

Die Reste also nehmen Sie sorgfältig auf und werfen Sie über Ihre linke Schulter in fließendes Gewässer. Schauen Sie keinesfalls nach, wohin diese Reste fallen oder wohin sie schwimmen.

Sie können diese Reste auch unter Eichen oder blühenden Bäumen vergraben. Wenn Sie diese Methode bevorzugen, gehen Sie weg, ohne sich umzudrehen. Wenn Sie einen Schadens- oder Abwehrzauber zelebriert haben und die Reste eines solchen Rituals in der Nähe eines Friedhofes vergraben, drehen Sie sich niemals um.

Wie verhalte ich mich, wenn ein sogenannter magischer Unfall passiert

Wenn Sie diese Rituale zelebrieren, kann es zu ungewohnten Ereignissen und Erlebnissen kommen. Es kann Ihnen jedoch nichts geschehen, wenn Sie vor jedem Ritual, wie beschrieben, die Pentagramme ziehen und die Wächter zum Schutz anrufen. Es braucht Sie nicht zu wundern, wenn Sie manchmal fremdartige Gerüche oder Geräusche wahrnehmen. Mit Beendigung des

Rituals sind diese meist schon wieder vorbei. Sollten die Geräusche nach geraumer Zeit nicht aufhören, so rate ich Ihnen zu einer Reinigungsräucherung. Ziehen Sie auf jeden Fall das bannende Pentagramm in alle vier Himmelsrichtungen.
Wenn das alles nicht hilft, können Sie ein Ritual zelebrieren, bei dem Sie aus einer geweihten weißen Kerze einen kleinen hellen, goldenen Lichtball visualisieren, der von Minute zu Minute größer und größer wird, bis er Sie umhüllt hat, dann den ganzen Raum ausfüllt und schließlich jeden Raum, jede Nische, jedes Eck, Ihre ganze Wohnung oder das Haus umschließt – es gibt keinen Platz, der nicht mit diesem Licht erfüllt ist. Seien Sie sicher, daß dann nichts Negatives mehr da ist.
Wenn Sie aus verschiedenen Gründen ein solches Ritual nicht durchführen können oder wollen, stehe ich Ihnen natürlich auch mit Rat und Tat zur Verfügung.

Die Namen der wichtigsten Götter, die in diesen Ritualen angerufen werden

Aradia

ist die Tochter der großen Göttin Diana. Sie soll die erste Priesterin Dianas und Karnaynas gewesen sein. Sie hatte die Menschheit zu lehren, wie die großen Gottheiten zu verehren sind. Danach wurde sie in den Götterhimmel erhoben. Sie repräsentiert den Mond.

Diana

verkörpert die weibliche Trinität des Göttlichen. Sie wird als Mondin, als Lebensspendende und Lebensvernichtende verehrt. In frühesten Zeiten wurde sie als Magna Mater, Demeter ver-

ehrt. Unter ihrem zerstörenden Aspekt wurde sie als Proserpina oder Persephone als Königin der Unterwelt angerufen. Auch als Hekate wurde sie verehrt. Hekate ist einer der ältesten Namen für die dreifache Göttin, die nach deren Vorstellung über Himmel Erde und Unterwelt herrschte. Diana wird in der heutigen Magie nur nach Mitternacht unter ihrem Namen Hekate angerufen.
Sie sollten sich aber hierbei darüber klar sein, daß Sie, wenn sie als Hekate nach Mitternacht angerufen wird, nicht als Hervorbringerin allen Lebens gerufen wird, sondern mit ihrer negativen Seite. Hier sollten Sie sich ganz genau an die Hekate-Rituale und an die günstigen Zeiten halten. Hekate wird auch mit Kali gleichgesetzt.

Karnayna
ist der gehörnte Gott der Jagd und des Lichtes. Er wird auch mit Luzifer gleichgesetzt, dem Bringer des Lichtes. Er verkörpert den männlichen Aspekt der Trinität des Göttlichen. Er wird angerufen, um etwas zu erschaffen, um etwas zu erringen und um etwas zu erreichen, da er der Bringer des Lichtes ist. Hier sollte man sich vergegenwärtigen, daß das Licht das Leben, das die weibliche Trinität hervorbringt, wachsen und gedeihen läßt. Es ist jedoch auch zu beachten, daß die lichtbringende Seite Karnaynas von Sonnenaufgang bis Sonnenuntergang angerufen wird. Nach Mitternacht bis Sonnenaufgang hat Karnayna durchaus dunkle Eigenschaften.

Jupiter
der älteste und oberste Gott der Römer. Er wurde mit Zeus, dem höchsten Gott der Griechen, gleichgesetzt und ursprünglich als Gott des Lichtes und der Himmelsrichtungen angerufen. Bekanntlich soll er Blitze geschleudert haben, wenn ihm etwas mißfiel.

Mars
ist der Gott des Krieges bei den altitalischen Völkern. Nach ihm wurde sogar der Monat März benannt. Tiere, die ihm heilig sind, sind das Pferd, der Wolf, der Stier und der Specht.

Merkur
wurde schon sehr früh mit Hermes gleichgesetzt, dem Boten zwischen Göttern und Menschen. Man verehrte ihn als Gott des Handels und der Kaufleute.

Saturn
ist der altrömische Saat- und Erntegott. Nach der Sage wurde Saturn von Jupiter gestürzt. Er hatte dann zwar nicht mehr den Göttervorsitz inne, erhielt jedoch die ehrenvolle Aufgabe, die Saaten und die Ernten zu schützen, damit die Menschen genügend zu essen hatten.

Venus
ist die Göttin der Morgenröte und der Liebe. Ihr Name stammt ursprünglich von den adriatischen Völkern um Venetien herum. Nach ihr wurde sogar die Stadt Venedig benannt. Man spricht auch heute noch von der Stadt der Liebe. In Venus wird der sexuelle Aspekt der großen Göttin verehrt, das heißt, sie wird immer dann unter dem Namen Venus angerufen, wenn die Liebe zwischen Menschen erstarken soll.

Zeittafel für magisches Arbeiten

In der Magie wird den Daten der Astrologie höchste Bedeutung zugemessen. Daher ist es wichtig zu wissen, an welchen Tagen welcher Planet regiert.

Sonntag

Wie der Name schon sagt, ist dieser Tag der Sonne vorbehalten. An diesem Tag können Sie Gesundheitsrituale zelebrieren, Dankesrituale und Schutzrituale.

Montag

An diesem Tag regiert der Mond. Schon in der Antike war dieser Tag der Mondgöttin heilig. Davon zeugt auch die sprachgeschichtliche Entwicklung. In den Ländern des Südens, zum Beispiel in Italien, heißt der Montag lunedi, wörtlich übersetzt: Tag der Mondgöttin. Sie können Liebesrituale, bei denen die Mondgöttin Aradia angerufen wird, zelebrieren. Aber auch jedes andere Ritual, bei dem Sie Aradia anrufen.

Dienstag

Dieser Tag ist dem Gott Mars zugeschrieben. Mars wurde in der Antike immer dann angerufen, wenn Kämpfe anstanden oder wenn man wichtige Entscheidungen zu treffen hatte. Nur an diesem Tag können Sie das Planetenritual, das dem Gott Mars geweiht ist, zelebrieren. Sie können an diesem Tag auch Rituale zelebrieren, wenn Sie etwas durchzustehen haben oder eine Entscheidung herbeiführen wollen.

Mittwoch

Dem Götterboten Merkur ist dieser Tag bestimmt. In der französischen Sprache heißt Mittwoch mercredi und in der italienischen Sprache mercoledi. Dieser Tag ist bestimmt für das Merkur-Ritual. Wenn Sie einen Prozeß oder beruflichen Aufstieg oder eine Prüfung zu bestehen haben, sollten Sie an diesem Tag Kerzenrituale zelebrieren.

Donnerstag

Dieser Wochentag ist Jupiter geweiht. In der romanischen Sprachwelt ist dieser Tag auch noch namentlich dem Jupiter gewidmet. Giovedi im Italienischen. Da Jupiter der oberste römische Gott war, wurde ihm im Germanischen Thor gleichgestellt. Daher leitet sich das deutsche Wort für diesen Wochentag ab. Donnerstags können Sie das Jupiterritual zelebrieren und alle Rituale, die mit Erfolg, Geld und Finanzen zu tun haben. Sie können donnerstags auch beginnen, Flüche und Schadenszauber abzuwehren, dies allerdings nicht vor 24 Uhr.

Freitag

An diesem Tag regiert die Venus. Ihr war in der Antike dieser Tag vorbehalten. Davon zeugt in Italien noch der Name venerdi für Freitag. Im deutschen und nordischen Sprachgebrauch ist dieser Tag Freia vorbehalten gewesen. Es ist der Tag, an dem Sie nur Liebesrituale zelebrieren sollten, und zwar nach Sonnenaufgang und vor Mitternacht. Wenn Sie sich an die Stunden halten, in denen Venus regiert, können Sie nichts falsch machen.

Samstag

An diesem Tag regiert der Saturn. Er steht für Neuanfänge und Reinigung. Altes lassen und Neues beginnen ist seine Devise. Der Samstag eignet sich hervorragend für exorzistische Riten.

Wochentage mit Regentenstunden

Sonntags regiert:

Sonne:	01.00 Uhr, 08.00 Uhr, 15.00 Uhr, 22.00 Uhr
Venus:	02.00 Uhr, 09.00 Uhr, 16.00 Uhr, 23.00 Uhr
Merkur:	03.00 Uhr, 10.00 Uhr, 17.00 Uhr
Mond:	04.00 Uhr, 11.00 Uhr, 18.00 Uhr
Saturn:	05.00 Uhr, 12.00 Uhr, 19.00 Uhr
Jupiter:	06.00 Uhr, 13.00 Uhr, 20.00 Uhr
Mars:	00.00 Uhr, 07.00 Uhr, 14.00 Uhr, 21.00 Uhr

Montags regiert:

Sonne:	05.00 Uhr, 12.00 Uhr, 19.00 Uhr
Venus:	06.00 Uhr, 13.00 Uhr, 20.00 Uhr
Merkur:	00.00 Uhr, 07.00 Uhr, 14.00 Uhr, 21.00 Uhr
Mond:	01.00 Uhr, 08.00 Uhr, 15.00 Uhr, 22.00 Uhr
Saturn:	02.00 Uhr, 09.00 Uhr, 16.00 Uhr, 23.00 Uhr
Jupiter:	03.00 Uhr, 10.00 Uhr, 17.00 Uhr
Mars:	04.00 Uhr, 11.00 Uhr, 18.00 Uhr

Dienstags regiert:

Sonne:	02.00 Uhr, 09.00 Uhr, 16.00 Uhr, 23.00 Uhr
Venus	03.00 Uhr, 10.00 Uhr, 17.00 Uhr
Merkur:	04.00 Uhr, 11.00 Uhr, 18.00 Uhr
Mond:	05.00 Uhr, 12.00 Uhr, 19.00 Uhr
Saturn:	06.00 Uhr, 13.00 Uhr, 20.00 Uhr
Jupiter:	00.00 Uhr, 07.00 Uhr, 14.00 Uhr, 21.00 Uhr
Mars:	01.00 Uhr, 08.00 Uhr, 15.00 Uhr, 22.00 Uhr

Mittwochs regiert:

Sonne:	06.00 Uhr, 13.00 Uhr, 20.00 Uhr
Venus:	00.00 Uhr, 07.00 Uhr, 14.00 Uhr, 21.00 Uhr

Merkur:	01.00 Uhr, 08.00 Uhr, 15.00 Uhr, 22.00 Uhr
Mond:	02.00 Uhr, 09.00 Uhr, 16.00 Uhr, 23.00 Uhr
Saturn:	03.00 Uhr, 10.00 Uhr, 17.00 Uhr
Jupiter:	04.00 Uhr, 11.00 Uhr, 18.00 Uhr
Mars:	05.00 Uhr, 12.00 Uhr, 19.00 Uhr.

Donnerstags regiert:

Sonne:	03.00 Uhr, 10.00 Uhr, 17.00 Uhr
Venus	04.00 Uhr, 11.00 Uhr, 18.00 Uhr
Merkur:	05.00 Uhr, 12.00 Uhr, 19.00 Uhr
Mond:	06.00 Uhr, 13.00 Uhr, 20.00 Uhr
Saturn	00.00 Uhr, 07.00 Uhr, 14.00 Uhr, 21.00 Uhr
Jupiter:	01.00 Uhr, 08.00 Uhr, 15.00 Uhr, 22.00 Uhr
Mars:	02.00 Uhr, 09.00 Uhr, 16.00 Uhr, 23.00 Uhr

Freitags regiert:

Sonne:	00.00 Uhr, 07.00 Uhr, 14.00 Uhr, 21.00 Uhr
Venus:	01.00 Uhr, 08.00 Uhr, 15.00 Uhr, 22.00 Uhr
Merkur:	02.00 Uhr, 09.00 Uhr, 16.00 Uhr, 23.00 Uhr
Mond:	03.00 Uhr, 10.00 Uhr, 17.00 Uhr
Saturn:	04.00 Uhr, 11.00 Uhr, 18.00 Uhr
Jupiter:	05.00 Uhr, 12.00 Uhr, 19.00 Uhr
Mars:	06.00 Uhr, 13.00 Uhr, 20.00 Uhr

Samstags regiert:

Sonne:	04.00 Uhr, 11.00 Uhr, 18.00 Uhr
Venus:	05.00 Uhr, 12.00 Uhr, 19.00 Uhr
Merkur:	06.00 Uhr, 13.00 Uhr, 20.00 Uhr
Mond:	00.00 Uhr, 07.00 Uhr, 14.00 Uhr, 21.00 Uhr
Saturn:	01.00 Uhr, 08.00 Uhr, 15.00 Uhr, 22.00 Uhr
Jupiter:	02.00 Uhr, 09.00 Uhr, 16.00 Uhr, 23.00 Uhr
Mars:	03.00 Uhr, 10.00 Uhr, 17.00 Uhr

Diese Zeiten sind nach der mitteleuropäischen Zeit ausgerechnet und bestimmt worden. Beachten Sie bitte, daß sie sich während der Sommerzeit um eine Stunde verschieben.

Hier ein Beispiel:
Freitags: Venuszeit: statt 15.00 Uhr = 16.00 Uhr SZ (Sommerzeit).

Ein Blick in die Karten ist oft der erste Schritt, um eine Situation oder ein Problem besser zu erkennen.

Die Kerzen und ihre Bedeutung

Wie Sie sicher wissen, spielen Kerzen bei magischen Arbeiten eine große Rolle. Ich kenne keine Hexe und keinen Magier, die auf dieses magische Werkzeug verzichten könnten.
Falls Sie dieses Buch nicht nur lesen, um sich über Magie und deren Wirkung zu informieren, sondern tatsächlich magisch arbeiten wollen, so werden Sie feststellen, daß es ohne Kerzen nicht geht. Ich stelle Ihnen hier die wichtigsten Kerzen vor. Achten Sie beim Kauf der Kerzen immer darauf, daß Sie durchgefärbt sind. Durchgefärbt heißt, daß die Kerze auch innen die Farbe hat, nicht nur z. B. einen grünen Wachsüberzug. Wie immer gibt es keine Regel ohne Ausnahme: Silberfarbene oder goldfarbene Kerzen gibt es im Handel nur mit farbigem Überzug, also nicht durchgefärbt.

Bedeutung der Kerzenfarbe

Weiße Kerzen:
Sie werden zum Schutz und zur Reinigung verwendet, sie brennen auch meist begleitend bei anderen Ritualen.

Goldene Kerzen:
Sie werden für Sonnenrituale und zur Aurareinigung verwendet.

Lila Kerzen:
Sie werden bei Marsritualen verwendet, z.B. um Prüfungen zu bestehen, Verhandlungen im Beruf oder bei Ämtern durchzusetzen.

Gelbe Kerzen:
Die Anziehung einer Person ist manchmal notwendig in Verbindung mit Liebesritualen. Sie können aber auch von allen, die

keinen Lebenspartner haben, alleine verwendet werden, um einen Partner zu bekommen.

Rote Kerzen:
Diese eignen sich natürlich für Liebesrituale in allen Variationen, insbesondere für Venusrituale.

Rosa Kerzen:
Sie stehen sowohl für die Leidenschaft, damit wieder etwas Pepp und Schwung in die Ehe oder Freundschaft kommen als auch, ganz wichtig, für die Treue. Die Verbindung mit Venus ist möglich.

Orange Kerzen:
Sie stehen für die Fruchtbarkeit, die einen wichtigen Punkt in der magischen Arbeit darstellt. Entweder mit Venus oder mit Diana zelebrieren.

Blaue Kerzen:
Für Gesundheitsrituale psychischer und organischer Art sind sie unentbehrlich. Die Göttin Aradia oder die Muttergöttin Diana werden hierzu angerufen.

Grüne Kerzen:
Für Geld und Beruf wird Jupiter, der Herr der Blitze, angerufen. Dies sollte allerdings nie aus Gier geschehen, da sich sonst alles ins Negative wenden könnte. Nur zelebrieren, wenn Sie dringend Geld benötigen.

Graue Kerzen:
Für positiven Ausgang bei Gerichtsverhandlungen und Ämtern wird Merkur angerufen.

Schwarze Kerzen:
Bei Abwehr- oder Schadensritualen ruft man den gehörnten Gott Karnayna an.

Diese Kerzen sind nun die wichtigsten, um magisch erfolgreich zu arbeiten. Aber wie schon erwähnt, sollten Sie nicht glauben, daß nur das Anzünden der Kerze genügt und alles andere dann schon von selbst geht. Sie müssen sich vielmehr an die drei Säulen halten, die für jede Hexe und jeden Magier gelten. Das bedeutet erstens, daß Sie an den Erfolg Ihrer Arbeit glauben müssen, und zwar unerschütterlich, zweitens müssen Sie visualisieren, das heißt, sich das Ziel in Gedanken bildlich so vorstellen, als ob es Realität wäre, und drittens benötigen Sie einen starken Willen zur Durchsetzung Ihrer Ziele.

Die Bekleidung bei magischen Ritualen

Die Rituale können sie unbekleidet, das heißt nackt, oder in den entsprechenden Farben, je nachdem, welche Gottheit sie anrufen, durchführen.

☆ *Für Gesundheitsrituale sollten Sie ein blaues leichtes Gewand auswählen.*
☆ *Für Jupiterrituale eignet sich ein grünes Gewand.*
☆ *Für Venusrituale ist ein rosafarbenes oder rotes Gewand angebracht.*
☆ *Für das Sonnenritual sollten Sie sich mit einem goldenen oder weißen Gewand bekleiden.*
☆ *Für die Abwehr- und Schadensrituale tragen Sie ein schwarzes Gewand.*
☆ *Für ein Marsritual wählen Sie ebenfalls ein rotes Gewand.*

Teil II

Gesundheitsrituale mit Kerzen

Grundsätzliches über Gesundheitsrituale

Ganz allgemein möchte ich Ihnen sagen, daß alle in diesem Buch vorgestellten Gesundheitsrituale sehr wirksam sind, jedoch ersetzen sie nicht die Diagnose und anschließende Behandlung durch Ihren Arzt, Heilpraktiker oder Psychotherapeuten.

Diese Rituale sollten Sie lediglich unterstützend zur ärztlichen Behandlung anwenden.

Ich wünsche Ihnen Mut und Kraft, daß Sie die Ursachen, vielleicht auch psychische, für Ihre Beschwerden oder Leiden erkennen und annehmen. Denn dann brauchen Sie nicht an den Symptomen herumzudoktern, sondern können sich ganz der Ursache widmen, sie ins Positive kehren und somit Ihre Krankheit heilen.

Kerzenritual für Gesundheit und körperliches Wohlbefinden

Für dieses Ritual benötigen Sie:
einen Räucherkessel gefüllt mit Sand oder Salz, Räucherkohle, eine weiße Stumpenkerze ca. 15 cm hoch, Ritualöl »Gesundheit«, ein paar Gewürznelken und Rosenblätter, sieben Bergkristalle, Weihrauchmischung »Gesundheit«, eine kleine Schüssel mit Salzwasser, Streichhölzer und Zahnstocher, eine weiße Tischdecke.

Dieses Ritual können Sie an jedem Tag zelebrieren. Ich rate Ihnen jedoch, daß Sie es vor Mitternacht tun!

Vorbereitung:

Beginnen Sie nun, Ihren Altartisch zu decken, indem Sie die weiße Tischdecke darüberbreiten, stellen Sie den Weihrauchkessel in die Mitte des Tisches. Um diesen Kessel legen Sie die Bergkristalle in einem Kreis aus. Die Gewürznelken und Rosenblätter streuen Sie über den Tisch. Legen Sie ein Stück Räucherkohle, Räuchermischung und die Schüssel mit Salzwasser bereit.

Ritual:

Nun ritzen Sie in die weiße Kerze mit dem Zahnstocher folgendes ein:

»Ich, ... (Ihr Name und Geburtsdatum) bin völlig frei von Schmerzen und Leid. Ich stehe unter dem schützenden Mantel der mächtigen Mondgöttin Aradia! Freude und Gesundheit sind mein Begleiter. Bei Aradia so sei es!«

Nun reinigen Sie sich und laden Sie sich mit Energie auf. Bei diesem Ritual sollten Sie sich am besten vorstellen, wie Ihr ganzer Körper mit goldenem Licht durchflutet wird.
Nun gehen Sie zurück zu Ihrem Altar.

Verbeugen Sie sich davor und reinigen Sie ihn, indem Sie ihn mit Salzwasser besprengen. Sagen Sie hierbei:

»Hiermit reinige ich, ... (sagen Sie Ihren Namen) meinen Ritualtisch für das Gesundheitsritual.«

Nehmen Sie nun die Kerze in die linke Hand, und reinigen Sie diese ebenfalls durch Besprengen mit Salzwasser. Sprechen Sie hierbei:

»Hiermit reinige ich, ... (sprechen Sie Ihren Namen) diese Kerze für das Gesundheitsritual.«

Die Kerze wird jetzt mit dem Ritualöl eingerieben, auf den Altar gestellt und angezündet. Zünden Sie nun die Räucherkohle an, und während Sie darauf warten bis diese glüht, konzentrieren Sie sich ganz auf sich.

Nun streuen Sie etwas Räucherwerk über die glühende Kohle und beginnen, zuerst nach Osten gerichtet, mit den anrufenden Pentagrammen.

Anschließend drehen Sie sich zum Altar, nehmen die Anrufungshaltung ein und sprechen nun laut die folgende Anrufung aus:

»Ihr mächtigen Wächter des Ostens, des Südens, des Westens und des Nordens, öffnet Eure Tore, damit die mächtige Mondgöttin Aradia zu mir treten kann. Ich beschwöre Euch im Namen Aradias.«

Kreuzen Sie nun Ihre Arme über der Brust und blicken in die Flamme und sprechen dabei:

»Oh, Du mächtige Aradia, Du große Göttin, Herrin des Mondes, erhöre mein Flehen und komm' herbei! Erlöse mich von den Qualen meiner Krankheit. Nimm mich unter Deinen schützenden Mantel, denn dort werde ich genesen.

Oh Aradia, in Deinem Namen, so sei es!«

Bedanken Sie sich nun mit Ihren eigenen Worten bei der Göttin und seien Sie sich ganz sicher, daß alles, worum Sie gebeten

Gesundheitsritual im Freien
Der Person, in Gestalt der Puppe, wird gerade positive, helle, heilende Energie gegeben.

haben, genau so eintreffen wird. Bedanken Sie sich auch bei den Wächtern des Rituals.

Lassen Sie nun die Kerze abbrennen und werfen am darauffolgenden Tag die Reste inklusive Wachs und Räucherwerk in fließendes Gewässer. Seien Sie sich sicher, daß Aradia Ihr Flehen erhört hat, denn Aradia ist gütig. Haben Sie bitte keine Zweifel.

Wiederholen Sie dieses Ritual sooft Ihnen danach ist und bis Sie sich wieder ganz genesen fühlen.

Kerzenritual gegen seelische Verstimmungen und Depressionen

Dieses Ritual können Sie jederzeit machen, es hilft Ihnen insbesondere, wenn depressive Stimmungen und Stimmungsschwankungen auftreten.

Sie benötigen für dieses Ritual eine blaue Kerze. In diese ritzen Sie Ihren Namen, Ihr Geburtsdatum und folgende Worte:

»Mir geht es gut, Ruhe und Freude sind meine Begleiter.«

Reinigen Sie dann die Kerze, zünden Sie diese an und schauen dabei in die Flamme. Bei jedem Atemzug stellen Sie sich vor, wie Freude und Licht Sie erfüllen. Sie können z.B. visualisieren (sich bildlich vorstellen), daß Sie helle Lichtstrahlen einatmen, die sich im Körper ausbreiten und Sie mit angenehmer Schwingung, Wärme, Freude und Glück erfüllen. Dadurch wird Negatives verdrängt.

Bei jedem Ausatmen stellen Sie sich vor, wie alles Negative, z. B. in dunklen Wolken Ihren Körper verläßt. Bitte versuchen Sie, ganz normal zu atmen, damit Ihnen nicht schwindlig oder schlecht wird.

Nach ungefähr einer Stunde löschen Sie die Kerze, und Sie werden sehen, daß es Ihnen wieder viel besser geht.

Das Ritual wiederholen Sie so oft, bis die Kerze abgebrannt ist. Die Wachsreste sollten Sie in ein fließendes Gewässer werfen, achten Sie darauf, daß Sie sich dabei nicht umschauen.

Teil III

Liebesrituale mit Kerzen

Liebesritual, um den Partner wieder für sich zu gewinnen

Für dieses Ritual benötigen Sie:
zwei rote Kerzen, roten Bindfaden und Rosenöl, Streichhölzer, einen Zahnstocher, eine kleine Schüssel oder Tasse mit Salzwasser, ein weißes Seidentuch.

Dieses Ritual beginnen Sie an einem Freitag um 22.00 Uhr (23.00 Uhr SZ).

Vorbereitung:
Reinigen Sie sich selbst mit Salzwasser, nehmen Sie Energie in sich auf und konzentrieren Sie sich darauf, daß Ihr Partner zurückkommt.
Wenn möglich, suchen Sie sich in Ihrer Wohnung einen Platz so aus, daß auf die Kerzen das Mondlicht fallen kann. Ideal wäre ein geöffnetes Fenster und Windstille.

Ritual:
In die eine rote Kerze ritzen Sie:
Ihren Namen und Ihr Geburtsdatum.

In die andere rote Kerze ritzen Sie:
Namen und Geburtsdatum des Partners, der Sie verlassen hat.

Nach dem Ziehen der vier anrufenden Pentagramme und dem Rufen der Wächter (siehe Seite 31 und 34) besprengen Sie zur Reinigung beide Kerzen mit Salzwasser. Jetzt reiben Sie beide Kerzen mit etwas Rosenöl ein. Stellen Sie diese nun im Abstand von ca. 30 cm auf.

Setzen Sie sich davor und stellen Sie sich vor, wie Ihr Partner zurückkommt, z. B. mit einem Blumenstrauß. Visualisieren Sie Ihre Wünsche eine Stunde lang, dann löschen Sie beide Kerzen aus.

Danken Sie mit eigenen Worten den Wächtern, und wickeln Sie nun beide Kerzen in das weiße Seidentuch. Legen Sie diese an einen für andere unzugänglichen Platz in Ihrer Wohnung.

In der darauffolgenden Nacht nehmen Sie die beiden Kerzen wieder hervor. Nach dem Ziehen der Pentagramme, dem Rufen der Wächter und der Reinigung reiben Sie beide Kerzen wieder mit etwas Rosenöl ein. Stellen Sie die Kerzen nun in einem Abstand von fünf cm auf und zünden Sie sie an. Setzen Sie sich nun vor die Kerzen und visualisieren Sie wieder eine Stunde lang, wie es ist, wenn Ihr Partner vor Ihrer Tür steht.

Nach dieser Stunde löschen Sie beide Kerzen und verfahren wie in der vorigen Nacht.

In der dritten und letzten Nacht beginnen Sie wieder mit Pentagrammen, Wächtern und der Reinigungszeremonie. Reiben Sie die beiden Kerzen wieder mit Rosenöl ein und binden Sie die Kerzen mit dem roten Bindfaden zusammen. Lassen Sie nun beide Kerzen zusammen abbrennen.

Die Wachsreste vergraben Sie unter einem blühenden Baum in der Nähe des Hauses, in dem Ihr Partner wohnt.

Auch im Freien lassen sich Liebesrituale zelebrieren.

Kerzenritual, um die Liebe des Partners zu vertiefen und/oder um die Liebe eines Wunschpartners zu erlangen

Dieses Ritual können Sie an einem Freitag um 15.00 Uhr (16.00 Uhr SZ) oder um 22.00 Uhr (23.00 Uhr SZ) durchführen. Sie sollten das Ritual so zelebrieren, daß der Ritualort von Mondlicht beschienen wird.

Für dieses Ritual benötigen Sie:
eine kleine Glasschüssel mit Salzwasser, einen kleinen Bergkristall, ein kleines Stück Rosenquarz oder Granat, zwei weiße Kerzen und zwei rote Kerzen, einen roten Bindfaden, einen Zahnstocher und das Foto Ihres Geliebten oder Wunschpartners. Rosenöl und Räucherstäbchen mit Rosenduft oder Moschus, eine rote Tischdecke, sieben rote Rosen.

Vorbereitung:
Sie beginnen, indem Sie sich selbst reinigen und entspannen, dabei stellen Sie sich vor, wie Sie selbst mit Licht und Liebe zu dieser Person erfüllt sind. Tauchen Sie doch einfach sich und Ihren Partner in Gedanken in ein warmes rosarotes Licht.

Ritual:
Jetzt können Sie beginnen, den Altar zu decken. Legen Sie die Rosen auf den Tisch und stellen Sie die kleine Schüssel mit Salzwasser rechts auf den Tisch. Stellen Sie rechts und links auf Ihrem Altar die weißen Kerzen auf.

Ritzen Sie nun in die eine rote Kerze:

Ihren Namen und Ihr Geburtsdatum

In die andere rote Kerze ritzen Sie:

Namen und Geburtsdatum Ihres Wunschpartners und Ihre Wünsche, z.B. Heirat, große Liebe usw.

Jetzt sollten Sie die anrufenden Pentagramme ziehen und die Wächter rufen. Reinigen Sie nun diese Kerzen, umwickeln Sie diese mit einem roten Bindfaden sieben Mal, und machen Sie dann sieben Knoten in die Fadenenden. Bei jedem Knoten konzentrieren Sie sich auf Liebe oder Heirat oder eben auf Ihre geheimen Wünsche. Reiben Sie nun die beiden Kerzen mit Rosenöl ein und sagen Sie laut:

»Diese Kerzen weihe ich, … (sagen Sie Ihren Namen), zu Ehren der großen Mondgöttin Aradia.«

Das Foto Ihres Liebsten legen oder stellen Sie auf den Altar, davor die zusammengebundenen roten Kerzen.
Setzen Sie sich nun vor Ihren Altar, zünden Sie die Kerzen an, und schauen Sie abwechselnd auf das Foto Ihres Liebsten und dann in die Flammen. Das tun Sie so lange, bis Sie das Gefühl haben, das Foto und die Flammen der Kerzen und Ihre Liebe fließen zusammen.

Dann bedanken Sie sich bei Aradia und verabschieden Sie sich mit eigenen Worten von ihr.

Die Kerzen lassen Sie abbrennen und vergraben die Wachsreste mit den anderen Utensilien unter einem Apfelbaum.

Kerzenritual für die Partnerrückführung

Für dieses Ritual benötigen Sie:
drei rosa Kerzen für die Leidenschaft, zwei rote Kerzen für die Liebe und zwei gelbe Kerzen für die Anziehung, dazu das Ritualöl »Liebe«, einen Zahnstocher, eine kleine Schüssel mit Salzwasser, ein paar Rosenblüten, Räucherstäbchen »Liebe« oder einen Räucherkessel und eine Liebesräucherung, außerdem noch Streichhölzer und eine rote Tischdecke.

Dieses Ritual sollten Sie an einem Freitag um 15.00 Uhr (16.00 Uhr SZ) oder 22.00 Uhr (23.00 Uhr SZ) zelebrieren.

Vorbereitung:
Reinigen Sie sich und meditieren Sie so lange, bis in Ihnen alles harmonisch und liebevoll gestimmt ist. Nun können Sie damit beginnen, den Altar zu decken.

Legen Sie die rote Tischdecke auf und stellen den Räucherkessel bzw. die Räucherstäbchen in die Mitte, rechts davon die kleine Schüssel mit Salzwasser. Streuen Sie nun über den ganzen Tisch die Rosenblättchen. Die rosafarbenen und gelben Kerzen stellen Sie zu einem Kreis auf, und zwar so, daß sich die zwei gelben Kerzen gegenüberstehen.
In die erste rote Kerze ritzen Sie mit dem Zahnstocher folgendes ein:

»In Liebe sind wir vereint, Treue und Glück sind unser
Begleiter ... (Ihr Geburtsdatum und Name).
Bei Aradia so sei es!«

In die zweite rote Kerze ritzen Sie:

»In Liebe sind wir vereint, Treue und Glück sind unser Begleiter … (Name und Geburtsdatum Ihres Partners). Bei Aradia so sei es!«

Beide Kerzen stellen Sie nebeneinander in die Mitte des Kerzenkreises.

Ritual:
Besprengen Sie nun den gesamten Altar mit etwas Salzwasser und sagen Sie:

»Hiermit reinige ich diese geheiligte Stätte der Liebe.«

Zünden Sie nun die Räucherstäbchen oder die Liebesräucherung an und sagen Sie:

»Große Göttin Aradia, sieh, zu Deinen Ehren räuchere ich diesen lieblichen Duft.«

Zünden Sie nun den Kerzenkreis an und sprechen Sie:

»Zum Schutze der Liebe entfache ich dies Flammenmeer.«

Zünden Sie nun die beiden roten Kerzen im Flammenkreis an und rufen Sie:

»Aradia hör mein Flehen, … (sagen Sie den Namen des Partners, mit dem Sie zusammen sein möchten) hat nur noch Sehnsucht nach mir.

Er findet weder Schlaf noch Ruh, bis sein Herz zurück zu mir findet. So sei es in Deinem göttlichen Namen.«

Lassen Sie nun alle Kerzen und Räucherungen ganz abbrennen und vergraben Sie alle Ritualreste am darauffolgenden Freitag um 22.00 Uhr (23.00 Uhr SZ) unter einem blühenden Baum.

Amulett für die Liebe
In beendet geglaubten Beziehungen eröffnet es Möglichkeiten für eine erneute Annäherung.

Treueritual mit Kerzen

Sollte Ihnen Ihr Partner untreu geworden sein und Sie möchten ihn wieder für sich gewinnen, wenden Sie dieses Ritual an. Sie werden sehen, daß Sie und Ihr Partner bald wieder zueinanderfinden und er Ihnen treu bleibt.

Dieses Ritual können Sie an einem Freitag, dem Venus-Tag, zur Mars-Zeit um 20.00 Uhr (21.00 Uhr SZ) zelebrieren.

Für dieses Ritual benötigen Sie:
eine rosafarbene Kerze, Ritualöl »Treue«, einen Zahnstocher, eine kleine Schüssel mit Salzwasser, ein paar rosarote Rosenblüten, Räucherkessel gefüllt mit Sand oder Salz, Räucherkohle, Treue-Räuchermischung, eine rosafarbene Tischdecke.

Vorbereitung:
Reinigen Sie sich zuerst, dann beginnen Sie damit, den Altar zu decken. Gehen Sie wie immer mit Ernst und Ehrfurcht zur Sache.
Zuerst legen Sie die Tischdecke auf den Altar und stellen den Kerzenständer in die Mitte. Anschließend legen Sie die Rosenblüten in einem Kreis um den Kerzenständer herum. Den Räucherkessel stellen Sie direkt dahinter auf und legen die Räucherkohle hinein.

In die Kerze ritzen Sie nun folgendes ein:
Geburtsdatum und Name der Person, die Sie zur Treue bewegen möchten.

Das Treue-Ritualöl, die Schüssel mit Salzwasser und die Streichhölzer halten Sie ebenfalls bereit.

Entspannen Sie sich, und machen Sie eine Rosenmeditation oder lassen Sie sich von goldenem Licht durchfluten. Nun kehren Sie wieder zu Ihrem Ritualtisch zurück und beginnen mit der eigentlichen Zeremonie.

Ritual:
Ziehen Sie in der gewohnten Art und Weise die vier anrufenden Pentagramme. Die Wächter rufen Sie wie folgt:

»Ihr großen Wächter des Ostens, des Südens, des Westens und des Nordens, öffnet Eure Tore, um der großen Muttergöttin Diana Einlaß zu gewähren.«

»Ihr großen Wächter, ich, ... (sagen Sie Ihren Namen), bitte Euch auch, bewacht dieses Ritual.«

Besprengen Sie nun den Tisch mit dem bereitgestellten Salzwasser und sagen Sie dabei:

»Hiermit reinige ich, ... (sprechen Sie Ihren Namen), meinen Ritualtisch für mein Treueritual.«

Nehmen Sie nun die Kerze zur Hand und reinigen Sie diese, indem Sie sie mit Salzwasser abreiben. Sprechen Sie hierbei:

»Hiermit reinige ich, ... (sprechen Sie Ihren Namen), diese Kerze für mein Treueritual.«

Reiben Sie die Kerze jetzt noch mit etwas Treueritualöl ein, stellen Sie die Kerze in den Ständer und zünden Sie sie an, ebenso die Räucherkohle. Bis diese nun zu glühen beginnt, konzentrieren Sie sich auf Ihren Wunsch, und stellen Sie ihn sich bildlich vor. Zum Beispiel, Ihr Partner hält Sie zärtlich in den Armen. Öffnen Sie nun die Augen, nehmen Sie die Anrufungshaltung ein und rufen Sie:

»Oh, du große Göttin, ich, ... (sagen Sie Ihren Namen), rufe dich.
Diana, Mutter aller weisen Frauen, eile herbei!
Eile herbei, eile herbei!«

Diana erhöre mein Flehen, so, wie die Flamme der Kerzen lodert,
so lodert das Herz meines Geliebten. Sein Herz bleibt kalt bei den
schönsten Frauen, doch heiß glüht es, wenn er mich erblickt.
Bei der großen Göttin Diana, so sei es ab sofort!«

Bedanken Sie sich nun bei den großen Wächtern:

»Ihr großen Wächter des Ostens, des Südens, des Westens und des
Nordens, mein Ritual ist beendet. Schließt Eure Tore.
Ich danke Euch für Eure Hilfe.«

Seien Sie gewiß, daß die Göttin Sie erhört hat. Die Kerze muß anschließend ganz abbrennen. Vergraben Sie alle Reste am darauffolgenden Tag unter einem blühenden Baum.

Teil IV

Kerzenrituale für Weihe, Geld und Erfolg, Abwehr von Schaden

Weiheritual mit Kerzen

Für dieses Ritual benötigen Sie:
drei weiße Kerzen, Kerzenständer, Ritualöl »Weihe«, einen Zahnstocher, eine Handvoll Salz, eine kleine Schüssel mit Salzwasser, ein paar Rosenblüten, einen Räucherkessel gefüllt mit Sand, Räucherkohle, Weihe-Räuchermischung und eine weiße Tischdecke.

Vorbereitung:
Sie sollten sich selbst reinigen und Energien schöpfen, wie ich es Ihnen empfohlen habe. Dann legen Sie die weiße Tischdecke über Ihren Altar und streuen die Rosenblätter darauf. Stellen Sie den Räucherkessel in die Mitte des Tisches. Die Kerzenständer stellen Sie in einem Dreieck auf. Anschließend reinigen Sie Ihren Altar und alle Utensilien mit Salzwasser.

Ritual:
Ziehen Sie die vier anrufenden Pentagramme. Wie immer beginnen Sie im Osten. Bitten Sie nun die vier großen Wächter der Himmelsrichtungen um Bewachung des Rituals. Zünden Sie jetzt die Räucherkohle an und streuen dann etwas später auf die glühende Kohle den Weihrauch.

Nun ritzen Sie in die weißen Kerzen mit dem Zahnstocher:

»Mit diesem Licht weihe ich, ... (schreiben Sie Ihren Namen), diesen/ dieses ... (Bezeichnung des Gegenstandes, den Sie weihen wollen). Bei Aradia,so sei es!«

Anschließend reiben Sie die Kerzen mit dem Ritualöl »Weihe« ein und zünden Sie diese an. Halten Sie dann die zu weihenden

Gegenstände in das Kerzenlicht und über den aufsteigenden Weihrauch.

Sprechen Sie nun folgende Worte:

»Ich weihe (den Gegenstand benennen) im Namen Aradias, so sei es!«

Bedanken Sie sich nun bei Aradia, da sie Ihr Ritual erhört hat und ebenso bei den Wächtern der vier Himmelsrichtungen. Lassen Sie die Kerzen abbrennen, und vergraben Sie die Blüten und Wachsreste sowie die Räucherungsreste unter einem Baum.

Kerzenritual, um Geld und Erfolg anzuziehen

Dieses Ritual sollten Sie am besten an einem Donnerstag um 15.00 Uhr (SZ 16.00 Uhr) durchführen, da zu dieser Zeit Jupiter in unserem Gestirnensystem regiert. Ein zunehmender Mond verstärkt die Kraft des Jupiters zusätzlich, da diese Mondphase immer für Aufbau und Wachstum steht.

Für dieses Ritual benötigen Sie:
eine kleine Glasschale mit Salzwasser, Räucherstäbchen »Jupiter« oder eine Geld- und Erfolgsräucherung, »money-drawing-oil«, dazu einen Bergkristall und einen Karneol, eine grüne Kerze, zwei weiße Kerzen, ein grünes Tischtuch sowie einen Zahnstocher und Streichhölzer.

Vorbereitung:
Bereiten Sie sich nun auf dieses Ritual vor und reinigen sich selbst. Um Energien zu schöpfen, können Sie eine Eiche umarmen oder sich vorstellen, wie sich in Ihrem Inneren ein kleines

Bäumchen zu einem starken kraftvollen Baum entwickelt mit einem ausladenden grünen Blätterdach.
Decken Sie nun Ihren Altar und legen die grüne Tischdecke darauf, die kleine Schüssel mit Salzwasser geben Sie in die Mitte, links davon stellen Sie die Räucherstäbchen auf, rechts und links jeweils die weißen Altarkerzen.

In die grüne Kerze ritzen Sie:

Ihren Namen und Ihr Geburtsdatum sowie Ihren Wunsch, wieviel Geld Sie möchten oder welches Berufsziel Sie haben oder welche Prüfung Sie bestehen wollen.

Stellen Sie nun die grüne Kerze auf Ihren Altartisch vor die Schüssel mit Salzwasser und legen die Kristalle davor. Reinigen Sie nun alles, was auf dem Altar steht, indem Sie es mit Salzwasser besprengen.

Ritual:
Im Osten beginnend ziehen Sie die vier anrufenden Pentagramme und rufen danach die großen Wächter der vier Himmelsrichtungen. Nähern Sie sich nun dem Altar und zünden das Räucherstäbchen an, reiben Sie die grüne Kerze mit »money-drawing-oil« ein und sagen dabei laut:

»Ich erhalte von ... (Kunden, Chef, usw., bei Geldwünschen nennen Sie den genauen Betrag). Diese Kerze brenne ich, ... (sagen Sie Ihren Namen), zu Ehren Jupiters. So sei es!«

Stellen Sie sich nun vor, Ihr Wunsch ist in Erfüllung gegangen und meditieren Sie darüber. Seien Sie sich sicher, daß Ihr Wunsch in Erfüllung geht. Die Wachsreste und die Reste des Räucherstäbchens werfen Sie in fließendes Gewässer.

Geldritual mit Kerzen

Dies ist ein Ritual für den Fall, daß Sie kurzfristig und schnell dringend Geld brauchen. Sie können das Ritual an jedem Tag jeweils zur Jupiterzeit zelebrieren. Wenn es weniger dringend ist, wäre ein Donnerstag um 22.00 Uhr (23.00 Uhr SZ) die bessere Zeit.

Für dieses Ritual benötigen Sie:
Hexenkessel gefüllt mit Sand, drei grüne Kerzen, Geldweihrauch, ein Fläschchen Geldöl, eine grüne Tischdecke, Zahnstocher, eine kleine Schüssel mit Salzwasser und Zündhölzer.

Vorbereitung:
Reinigen Sie sich und meditieren Sie über Ihren Wunsch. Legen Sie die Tischdecke aus, und stellen Sie den Räucherkessel in die Mitte. Die Räucherkohle legen Sie auf den Sand im Kessel. Die Schüssel mit Salzwasser stellen Sie auf die rechte Seite.

Ritzen Sie nun in Ihre Kerzen jeweils:

Ihren Namen, Ihr Geburtsdatum und Ihren Wunsch, das heißt, wieviel Geld Sie benötigen.

Legen Sie die Kerzen auf den Tisch und reinigen Sie diese sowie Ihren Altar mit den Utensilien, indem Sie alles mit Salzwasser beträufeln. Anschließend besprengen Sie Ihren Altar mit etwas Geld-Ritualöl. Reiben Sie dann die Kerzen mit dem Ritualöl ein, und stellen Sie diese in einem Dreieck um den Räucherkessel auf.

Ritual:
Zünden Sie die Räucherkohle an und warten Sie, bis diese glüht. Währenddessen visualisieren Sie Ihren Wunsch. Streuen Sie nun den Weihrauch über die glühende Kohle und zünden die Kerzen an. Verharren Sie noch eine Zeitlang bei den brennenden Kerzen

und stellen Sie sich vor, was Sie alles mit dem Geld machen können. Lassen Sie nun die Kerzen abbrennen. Die Wachsreste werfen Sie am darauffolgenden Tag in ein fließendes Gewässer. Einen wichtigen Punkt müssen Sie bei den Geld-Ritualen unbedingt beachten. Sie dürfen nur um den Geldbetrag bitten, den Sie dringend benötigen – und keine Mark mehr – sonst kann es im schlimmsten Fall sein, daß sich das Ritual ins Gegenteil kehrt und Sie den gewünschten Geldbetrag auch noch zusätzlich verlieren.

Kerzenritual, um Schaden abzuwehren

Dieses Ritual können sie donnerstags um 00.00 Uhr (1.00 Uhr SZ) durchführen, wenn Sie von jemandem verletzt wurden oder Ihnen Böses angetan wurde. Ich möchte Sie aber an dieser Stelle warnen, wenn Sie sich nicht ganz sicher sind, wer Ihnen Böses zugefügt hat, dann wenden Sie dieses Ritual nur in der Form an: »*An alle meine Feinde*«. Sonst könnte das Ritual Sie selbst einholen. Diese Magie sollten Sie nur in äußersten Notfällen anwenden!

Für dieses Ritual benötigen Sie:
eine schwarze Kerze, sieben Stecknadeln mit schwarzem Kopf und Drachenblut (erhältlich in Esoterikfachgeschäften), schwarzen geriebenen Pfeffer, Schadensöl, einen Bergkristall, einen schwarzen Turmalin, Blut aus dem Ringfinger Ihrer rechten Hand, einen roten Schutzkreis und einen schwarzen Totenkopf, eine kleine Schüssel mit Salzwasser, eine schwarze Tischdecke, Schadensräucherstäbchen oder -mischung.

Vorbereitung:
Nehmen Sie ein Bad und reinigen Sie sich, konzentrieren Sie sich auf Ihr Ziel. Decken Sie Ihren Altar. Stellen Sie die Räucherstäbchen bzw. den Räucherkessel in die Mitte des Tisches, die kleine

Schüssel mit Salzwasser rechts und den Totenkopf hinter die Räucherstäbchen, so daß der Totenkopf die Räucherstäbchen anblickt.

Ritual:
Reinigen Sie jetzt den ganzen Tisch und die Kerzen, indem Sie alles mit Salzwasser besprengen. Ziehen Sie, beginnend nach Osten gewandt, die vier bannenden Pentagramme. Legen Sie nun den roten Schutzkreis um den Altar. Rufen Sie die vier Wächter der Himmelsrichtungen zum Schutz.

Nun ritzen Sie in die schwarze Kerze:

Name und Geburtsdatum Ihres Peinigers.

Wenn Sie sich nicht ganz sicher sind, ritzen Sie jedoch lieber ein:

»Alle meine Feinde!«

Reiben Sie die Kerze mit Schadensöl ein, und rollen Sie diese in Pfeffer und Drachenblut. Lassen Sie nun ein paar Blutstropfen von sich über die Kerzen tropfen, und achten Sie darauf, daß der Docht getränkt wird. Spicken Sie die Kerze mit den sieben Stecknadeln, und zwar so, daß die erste Stecknadel den Docht durchbohrt, die weiteren Stecknadeln spicken Sie in einigem Abstand darunter. Stellen sich dabei vor, daß jede den Docht trifft. Bei jeder Nadel sagen Sie:

»Alles, was Du/Ihr {genaue(r) Name(n) des/der Peiniger(s)} mir angetan hast/habt, bekommst Du/Ihr hundertfach zurück.«

Oder:

»Alles, was Ihr, meine Feinde, mir angetan habt,
bekommt Ihr hundertfach zurück.«

Nun zünden Sie die Räucherstäbchen an. Nehmen Sie den Bergkristall in die eine Hand und den Turmalin in die andere.

Zünden Sie jetzt die schwarze Kerze an und rufen Sie:

»Mächtiger gehörnter Gott Karnayna, ich, ... (Ihr Name), rufe Dich, mächtiger gehörnter Gott Karnayna, ich, ... (Ihr Name), grüße Dich. Erhöre meinen Wunsch.«

(Nennen Sie Ihren Wunsch und stellen Sie sich intensiv vor, was mit Ihrem Peiniger oder Ihren Feinden geschehen soll.)

Bedanken Sie sich nun bei Karnayna mit Ihren eigenen Worten und verabschieden ihn. Nun sollten Sie sich noch bei den Wächtern bedanken. Wenn Sie den Schutzkreis verlassen, ziehen Sie sofort nochmal das bannende Pentagramm, wie immer beginnend im Osten. Lassen Sie die Kerze abbrennen. Die Reste des Rituals werfen Sie in der darauffolgenden Nacht um 24.00 Uhr in fließendes Gewässer oder vergraben Sie in der Nähe eines Friedhofs. Tragen Sie aber auch hierbei Ihre Schutzsteine. Wenn Sie die Reste in fließendes Gewässer werfen, sehen Sie ihnen nicht nach. Sollten Sie die Überreste in der Nähe des Friedhofs begraben haben, drehen Sie sich beim Weggehen nicht mehr um. Ich rate Ihnen, halten Sie sich ganz eng an diese Regeln!

Beispiel für ein Bann-Amulett
Es schützt vor schwarzmagischen Angriffen und sorgt dafür, daß die magische Attacke in vielfacher Stärke auf den Verursacher zurückfällt.

Teil V

Puppenmagie

Personifizierung von Puppen

Dieses Ritual können Sie täglich machen, von Sonnenaufgang bis 22.00 Uhr (23.00 Uhr SZ). Je nach Ritual sind auch die Zeiten für die Weihe unterschiedlich. Für ein Liebesritual ist die Venuszeit richtig, für Geldrituale die Jupiterzeit, usw.

Für dieses Ritual benötigen Sie:
eine weiße Altardecke, drei Kerzen – je nach Ritualwunsch wählen Sie die entsprechende Farbe, für die Liebe z.B. nehmen Sie rote Kerzen –, ein Schüsselchen mit Salzwasser, einen Bergkristall, drei Onyxsteine und eine Puppe aus Stoff, Ton oder Wachs. Nehmen Sie auch hier Ihrem Ritualwunsch entsprechend die richtige Farbe für die Puppe. Dann brauchen Sie noch drei Lavendelräucherstäbchen und ein weißes Seidentuch.

Vorbereitung:
Breiten Sie die weiße Altardecke über den Tisch. Stellen Sie die drei Kerzen so auf, daß ein Dreieck entsteht. Den Bergkristall legen Sie in die Mitte, die drei Onyxsteine je unterhalb einer jeden Kerze. Die Räucherstäbchen stellen Sie jeweils in derselben Dreieckform um den Bergkristall herum auf. Das Schälchen mit dem Salzwasser stellen Sie rechts unten auf den Altar. Wenn Sie die Puppe anfertigen, beachten Sie bitte, daß Sie persönliche Dinge der Person, welche die Puppe darstellen soll, mit hineinarbeiten müssen. Das können z.B. Haare, Finger-, Fußnägel, etwas Handgeschriebenes oder ein Stück Kleidung sein. Vielleicht haben Sie ja auch noch ein Foto von diesem Menschen. Je mehr Sie haben, um so besser können Sie ein Ebenbild der Person herstellen. Außerdem müssen Sie die Puppe mit Geschlechtsteilen versehen. Haben sie alles fertig, legen Sie die Puppe unter den Bergkristall. Nun reinigen Sie sich und Ihren Altar mit allen Gegenständen.

Ritual:

Sie wissen ja mittlerweile wie bzw. zu welcher Himmelsrichtung gewandt, Sie die anrufenden Pentagramme ziehen müssen. Nehmen Sie dann die Anrufungshaltung ein und bitten:

»Ihr großen Wächter des Ostens, des Südens, des Westens und des Nordens, öffnet die Tore, um den Göttern Einlaß zu gewähren. Mächtige Aradia, Göttin des Mondes, komm herbei! Diana, Du weise Mutter der Hexen und Magier, eile zu mir, um mein Flehen zu erhören!«

Besprengen Sie nun die Puppe siebenmal mit etwas Salzwasser und hauchen wiederum siebenmal auf das dritte Auge der Puppe (liegt zwischen den zwei Augen), sprechen Sie:

»Lebe, lebe, lebe!!«

Kreuzen Sie die Hände über der Brust und sprechen Sie:

»Poruthu Madan, schudala kntti schattan Pophyrius!«

Nehmen Sie die Puppe und halten Sie diese in Richtung Norden. Sprechen Sie nun zu der Puppe:

»Du bist nicht Stoff und auch nicht Wachs, sondern du bist ein Mensch aus Fleisch und Blut. Im Namen der Götter, ich taufe Dich auf den Namen ... (sagen Sie nun den Namen der betreffendenPerson).«

Bedanken Sie sich nun bei den Göttern und verabschieden Sie sich von ihnen. Ebenso verabschieden Sie sich von den Wächtern. Lassen Sie den Altar so lange unberührt, bis alle Kerzen niedergebrannt sind. Sämtliche Reste müssen Sie am darauffolgenden Abend in einem Wald vergraben. Sobald alles vergraben ist, können Sie mit der Puppe arbeiten. Die Puppe legen Sie immer dann, wenn Sie nicht mit ihr arbeiten, in ein Seidentuch gewickelt, an einen für andere Personen unzugänglichen Platz.

WICHTIG !

Bitte beachten Sie unbedingt, daß NIEMAND AUSSER IHNEN Zugang zu diesen Puppen erhält.

Es kam schon vor, daß kleine Kinder aus Unwissenheit mit diesen Puppen spielten und dann schlimme Dinge passiert sind. Eine Puppe wurde einmal vom Tisch genommen und auf den Boden geworfen. Wie sich später herausstellte fiel im gleichen Moment die Person, die zur Puppe gehörte, von einer Leiter und brach sich das Bein. Übrigens waren die Orte, an denen dies passierte ca. 400 km voneinander entfernt.
In einem anderen Fall klagte ein Mann während eines Telefongesprächs mit seiner Freundin plötzlich über sehr heftige Kopfschmerzen. Als sich die Freundin umdrehte, um auf ihr kleines Kind zu achten, sah sie, daß dies unbemerkt ins Zimmer gekommen war und mit einer Stricknadel mehrmals in den Kopf einer Puppe stach, welche die Frau für ihren Freund vorbereitet hatte.
An diesen Beispielen können Sie sehr gut die Folgen von unsachgemäßer Handhabung erkennen. Dabei waren diese Fälle nicht einmal böswillig herbeigeführt worden. Ich brauche wohl nicht weiter auszuführen, was alles passieren kann, wenn eine solche magische Puppe in die falschen Hände kommt.
Natürlich machen auch wir uns die hervorragenden Möglichkeiten der Energieübertragung durch Puppen zunutze. Bei einem Heilungsritus z.B. streicheln Sie die kranken Stellen der Puppe und senden Kraft. Visualisieren Sie die kranken Organe als geheilt. Je nachdem, wofür Sie die Puppe geschaffen haben, wird sie anders behandelt. Das kann durchaus auch in der weißen

Magie dazu führen, daß Puppen mit Nadeln bespickt werden. Aber immer zum Wohle der beteiligten Personen und Tiere!

So könnte Ihre Ritualpuppe aussehen. Je nachdem, ob sie Mann oder Frau darstellt, müssen Sie die Puppe noch mit entsprechenden Geschlechtsteilen versehen (aufmalen). Vorgefertigte Puppen gibt es in diversen Geschäften oder im Versandhandel.

Puppenritual zur Abwehr von schwarzmagischen Angriffen

Dieses Ritual ist angebracht, wenn Sie einem anderen Menschen helfen möchten.
Sie können dieses Ritual täglich ab 20.00 Uhr zelebrieren. Wiederholen Sie es täglich, bis die verfluchte Person sich bei Ihnen meldet und sagt, daß es ihr wieder gut geht. Dieses Ritual müssen Sie durchschnittlich drei Wochen lang durchgehend zelebrieren.

Für dieses Ritual benötigen Sie:
das Bild und das Geburtsdatum der verfluchten Person, ein rechteckiges Stück Balsaholz (ca. 20 x 10 x 10 cm) und ein Schnitzmesser, Räucherkohle, fünf weiße und zwei blaue Kerzen, einen Räucherkessel, gefüllt mit etwas Salz oder Sand, Räuchermischung »Schaden«, Streichhölzer, eine Schüssel mit Salzwasser, eine Tasse Salz, Rosen-

blütentee, eine weiße Tischdecke, ein weißes Seidentuch, einen Bergkristallheilstab und einen magischen Kreis (rote Kordel, 11 m lang).

Vorbereitung:
Bereiten Sie sich wie bereits beschrieben mit Ihrer Reinigung und der Reinigung des Altars und aller Gegenstände auf das Ritual vor. Beginnen Sie den Altar zu decken. In die vier Ecken stellen Sie jeweils eine weiße Kerze. Die beiden blauen Kerzen plazieren Sie in der Mitte. Links stellen Sie den Räucherkessel auf, rechts die Schüssel mit Salzwasser. Legen Sie Räucherkohle und Weihrauch sowie Streichhölzer bereit.
Nun beginnen Sie, aus dem Balsaholz eine etwa 15 cm große Puppe zu schnitzen. Während Sie das tun, denken Sie ganz intensiv an die verfluchte Person. Die Puppe muß wie ein kleiner Mensch aussehen und die entsprechenden Geschlechtsteile aufweisen. Anschließend bohren Sie in den Rücken der Puppe ein Loch von etwa drei cm Durchmesser. Schreiben Sie das Geburtsdatum der verfluchten Person auf die Rückseite des Fotos. Dann falten Sie es zusammen und geben es in das Loch. Mit der fünften weißen Kerze verschließen Sie das Loch, indem Sie die Kerze anzünden und das flüssige Wachs hineintropfen lassen. Sobald das Wachs hart geworden ist, legen Sie die Puppe auf den gedeckten Ritualtisch. Bereiten Sie nun den Rosenblütentee. Trinken Sie ihn in kleinen Schlucken. Konzentrieren Sie sich währenddessen auf Ihr Ziel. Stellen Sie sich vor, wie die Person, der Sie helfen wollen, frei von schädlichen Einflüssen ist und Ihnen sagt, daß Sie sich völlig gesund fühle. Visualisieren Sie das ganz intensiv, während Sie den Tee trinken. Gehen Sie nun zu Ihrem Ritualtisch, zünden Sie die Kerzen und die Räucherkohle an. Legen Sie den magischen Kreis um den Altar. Streuen Sie die Räuchermischung auf die glühende Kohle und vergessen Sie die bannenden Pentagramme nicht.

Ritual:

Jetzt können Sie mit den Anrufungen beginnen, indem Sie die übliche Anrufungshaltung einnehmen. Nun rufen Sie:

»Ihr großen, mächtigen Wächter des Ostens, Ihr Herrscher der Luft, des Windes und des Sturmes, Euch rufe ich und erbitte Euren Schutz.

Ihr großen Wächter des Südens, Ihr mächtigen Herrscher des Feuers und der Blitze, Euch rufe ich und erbitte Euren Schutz.

Ihr großen Wächter des Westens, Ihr mächtigen Herrscher des Meeres und der Tiefen, Euch rufe ich und erbitte Euren Schutz.

Ihr großen Wächter des Nordens, Ihr mächtigen Herrscher der Erde, Euch rufe ich und erbitte Euren Schutz.

Behütet und beschützt dieses Ritual vor allen Gefahren und öffnet das Tor, damit die große Mondgöttin Aradia und der mächtige gehörnte Gott Karnayna hier anwesend sein können.«

Geben Sie zwischendurch immer wieder etwas Räuchermischung auf die glühende Kohle. Nehmen Sie die Puppe in die linke Hand, besprengen Sie diese mit Salzwasser und sprechen Sie:

»Du bist nicht Stoff und auch nicht Holz, sondern ein Geschöpf aus Fleisch und Blut. Ich nenne Dich hiermit bei Deinem Namen ... (Name der verfluchten Person).«

Hauchen Sie nun dreimal den Namen auf die Puppe. Einmal auf das dritte Auge, einmal auf den Solarplexus (ungefähr Bereich direkt unterhalb des Brustbeins) und einmal in das Herz. Heben Sie nun die Puppe über den Weihrauchkessel und sprechen Sie eindringlich:

»Lebe, lebe, lebe!«

Halten Sie nun die Puppe in die Luft und rufen Sie:

»Oh, Ihr großen Götter Aradia und Karnayna, hört mich an. Dieses Geschöpf, dessen Name ... (Name des Verfluchten) ist, ist gefangen von bösen Mächten. Befreit ... (Name des Verfluchten)! Zerstört die Bande des Bösen! Laßt Licht und Liebe in ... (Name des Verfluchten) einkehren.«

Visualisieren Sie eine leuchtend helle Kugel in Ihrer rechten Hand. Führen Sie dieses Licht immer näher zu der Puppe. Sehen Sie ganz deutlich, wie die Puppe das Licht aufsaugt. Heben Sie erneut die Puppe in die Luft und sagen Sie:

»Mächtige Mondgöttin Aradia und Du, Karnayna, mächtiger Gott der Jagd, seht dieses Geschöpf, wie es in Dankbarkeit erstrahlt. Es ist nun völlig frei und rein. Es strahlt voller Liebe und Reinheit. Im Namen von Aradia und Karnayna, so sei es. So sei es!«

Bedanken Sie sich bei den großen Göttern mit Ihren eigenen Worten. Legen Sie die Puppe auf den Altar und lassen Sie sie dort so lange liegen, bis alle Kerzen abgebrannt sind. Danach wickeln Sie die Puppe in ein weißes Seidentuch und bewahren Sie diese an einem sicheren Ort auf, zu dem nur Sie Zugang haben. Nun bedanken Sie sich bei den großen vier Wächtern für die Bewachung des Rituals. Die Reste der Räucherung und der Kerzen werfen Sie über Ihre linke Schulter in fließendes Gewässer.
Wenn die verfluchte Person frei von allen bösen Einflüssen ist, vergraben Sie die Puppe unter einer Eiche. Während Sie das tun, danken Sie noch einmal den großen Göttern für die Kraft, die Liebe und den Schutz, den Sie während der Arbeit empfangen haben. Gehen Sie anschließend mit Liebe im Herzen wieder Ihren Weg. Sie können sicher sein, daß die Person, der Sie so geholfen haben, nicht mehr von diesem Fluch heimgesucht wird.

Teil VI

Die großen Planetenrituale

Grundsätzliches zum Sonnenritual und zu den Planetenritualen

Sie sollten wissen, daß Planetenrituale sehr viel Zeit erfordern. Wenn Sie also unter Zeitdruck stehen, sollten Sie davon Abstand nehmen und das Ritual verschieben.
Diese Rituale sollten im Freien zelebriert werden. Ziehen Sie einen magischen Kreis mit Steinen oder visualisieren Sie einen magischen Kreis, indem Sie im Uhrzeigersinn um Ihren Altar im Durchmesser von ca. drei Metern einen hellen Lichtkreis ziehen. Ist es Ihnen nicht möglich, diese Rituale im Freien zu zelebrieren, so sollten Sie diese Rituale nur in einem Raum abhalten, den Sie zuvor gereinigt haben, indem Sie in jeder Ecke ein Pentagramm gezogen und mit einer Reinigungsräucherung alle Ecken und Gegenstände, die sich im Raum befinden, gereinigt haben. Den magischen Kreis sollten Sie mit einer roten Kordel um Ihren Altar legen, wobei Sie die Enden in einem lockeren Knoten miteinander verbinden. An diese Enden können Sie zusätzlich einen Bergkristall legen. Ein solcher Kreis ist von größter Wichtigkeit, denn er schützt dieses Ritual vor negativen Einflüssen und hält das Böse fern. Es ist weiterhin zu beachten, daß diese Rituale nie nach Sonnenuntergang zelebriert werden dürfen, weil sich die Wirkung sonst umkehrt. Halten Sie sich also unbedingt an die vorgegebenen Zeiten, in denen jeweils die Planeten regieren und an die Tage, an denen die Planeten regieren! Bevor Sie ein Ritual beginnen, reinigen Sie sich, wie ich es Ihnen schon beschrieben habe, und ziehen Sie bei dem Sonnen- und den Planetenritualen jeweils das anrufende Pentagramm, mit der Spitze nach oben, und zwar, wie Sie wissen, in jeder Himmelsrichtung, beginnend im Osten! Desweiteren sollten Sie beachten, daß alle Ritualgegenstände gereinigt sein müssen. Drei Tage bevor Sie das Sonnenritual oder die Planetenrituale beginnen, sollten Sie nur

Obst essen. Die Planetenrituale zelebrieren Sie entweder nackt oder in Tücher gehüllt, die der Farbe entsprechen, die dem jeweiligen Planeten zugeordnet ist. Ein solches Ritual darf nicht gestört und auch nicht unterbrochen werden, da sich sonst die Wünsche ins Gegenteil verkehren könnten.

Sonnen-Ritual
Ein Ritual des Dankes

Dieses Ritual können Sie an einem Sonntag um 8.00 Uhr oder um 15.00 Uhr zelebrieren.

Für dieses Ritual benötigen Sie:
zwei weiße Kerzen und eine goldene Kerze, Ritualöl »Dank« oder »Sonne«, Räuchermischung »Dank« oder »Sonne«, eine gelbe oder goldfarbene Tischdecke, Blätter einer gelben Rose, Kerzenständer, Räucherkessel gefüllt mit Sand oder Salz, eine kleine Schüssel mit Salzwasser, einen Zahnstocher und Streichhölzer. Gold oder gelb ist die Farbe der Sonne. Binden Sie sich ein gelbes oder goldenes Tuch um, wenn Sie nicht nackt zelebrieren können oder wollen.

Vorbereitung:
Beginnen Sie nun mit der Vorbereitungszeremonie. Reinigen Sie sich und gehen Sie mit Achtung und Ehrfurcht zum Altar, denn dieser ist der Sitz des Göttlichen, und schließlich wollen Sie sich ja für etwas bedanken. Schmücken Sie den Altar, indem Sie die Tischdecke darauf legen. Stellen Sie die weißen Kerzen links und rechts auf den Altar. Auf die rechte Seite des Tisches stellen Sie die Schüssel mit dem Salzwasser. Den Räucherkessel stellen Sie in die Mitte des Tisches und legen die Räucherkohle und die Räuchermischung bereit. Vergessen Sie die Streichhölzer nicht!

Ritual:

Vollziehen Sie nun die Reinigung Ihres Altares, indem Sie ihn mit Salzwasser besprengen und dabei sagen:

»Hiermit reinige ich, ... (sagen Sie Ihren Namen),
meinen Ritualtisch für das Sonnenritual.«

Ziehen Sie dann die anrufenden Pentagramme und rufen die vier Wächter der Himmelsrichtungen, wie beschrieben.
Nehmen Sie die goldene Kerze und ritzen mit dem Zahnstocher folgendes ein:

Ihren Namen, Ihren Geburtstag und den Grund Ihres Dankes.

Und auf jeden Fall die Formel:

»So sei es! Im Namen der Sonne!«

Reiben Sie nun die goldene Kerze mit etwas » Sonnen-Ritualöl« ein, und stellen Sie diese dann in die Mitte des Tisches vor den Kessel. Die gelben Rosenblätter verteilen Sie auch um den Räucherkessel und um die goldene Kerze. Lassen Sie nun den Altar eine Weile auf sich wirken. Entspannen Sie sich und bereiten Sie sich innerlich auf das Ritual vor. Durch Abreiben der drei Kerzen mit Salzwasser werden auch diese gereinigt, dabei sagen Sie:

»Hiermit reinige ich, ... (sagen Sie Ihren Namen),
die Kerzen für das Sonnenritual.«

Reiben Sie nun alle Kerzen nochmals mit dem Ritualöl ein. Stellen Sie die Kerzen in die Kerzenständer, zünden Sie die Kerzen und die Räucherkohle an und legen Sie diese in den Kessel. Konzentrieren Sie sich nun auf Ihren Wunsch und Ihr Ziel, indem Sie in die Flamme der goldenen Kerze schauen. Die Räucherkohle müßte nun richtig glühen, streuen Sie jetzt die »Sonnen-Räucherung« darauf. Nehmen Sie Ihre Gebetshaltung ein und rufen Sie, während Sie Ihr Gesicht der Sonne zuwenden:

»Ich weihe diesen Kreis und dieses Ritual zu Ehren der Sonne.«

Setzen Sie sich in bequemer Haltung vor den Altar, sprechen Sie:

»Mächtige Sonne, ich grüße Dich und danke Dir, daß Du bei mir bist.(Tragen Sie Ihre Dankbarkeit mit viel Ehrfurcht und Liebe vor und sagen Sie genau, warum Sie so dankbar sind).«

Danken Sie nach Beendigung des Rituals den Wächtern. Meditieren Sie eine Weile und stellen Sie sich vor, wie die Sonne Ihnen Lebensenergie schenkt. Lassen Sie die Kerzen ganz abbrennen und werfen Sie die Überreste am darauffolgenden Sonntag zur gleichen Zeit in ein fließendes Gewässer.

Mars-Ritual
Ein Ritual für Gerichtsangelegenheiten oder um etwas zu erkämpfen und zu bestehen

Dieses Ritual sollte an einem Dienstag um 8.00 Uhr (9.00 Uhr SZ) oder 15.00 Uhr (16.00 Uhr SZ) zelebriert werden.

Für dieses Ritual benötigen Sie:
eine lilafarbene Kerze, zwei weiße Kerzen, eine lilafarbene Tischdecke, Ritualöl »Mars«, Räuchermischung »Mars«, Kerzenständer, einen Zahnstocher, eine kleine Schüssel mit Salzwasser, einen Räucherkessel gefüllt mit Sand oder Salz sowie Streichhölzer.

Das Marsritual können Sie für verschiedene Zwecke anwenden, z. B. für Gerichtsverhandlungen, oder wenn Sie um oder gegen irgend etwas anderes kämpfen müssen. Die Farbe des Mars ist lila, deswegen sollten Sie während des Rituals zumindest ein lilafarbenes Tuch tragen.

Vorbereitung:
Decken Sie den Altar mit der lilafarbenen Tischdecke. Die weißen Altarkerzen werden rechts und links auf den Tisch gestellt. Die Schüssel mit Salzwasser kommt rechts auf den Altar. Der Räucherkessel wird in der Mitte des Altares plaziert. Legen Sie Räuchermischung und Räucherkohle bereit.

Ritzen Sie mit dem Zahnstocher in die lilafarbene Kerze ein:

Ihren Namen, Ihr Geburtsdatum und den Wunsch, den Sie haben (z.B. *»ich gewinne die Gerichtsverhandlung am ...« – genaues Datum!), und: »Bei Mars, so sei es!«*

Reiben Sie die lilafarbene Kerze mit dem entsprechenden Ritualöl ein und stellen Sie diese in die Mitte des Tisches vor den Kessel. Nun bereiten Sie sich wie gewohnt auf das Ritual vor, indem Sie sich auf die bekannte Art und Weise reinigen und anschließend meditieren.
Damit sind die Vorbereitungen abgeschlossen und Sie können mit dem eigentlichen Ritual beginnen.

Ritual:
Lila bekleidet oder nackt nähern Sie sich dem Ritualtisch. Reinigen Sie den Altar für das Ritual, indem Sie den Tisch mit Salzwasser besprengen und dabei folgende Formel aufsagen:

»Hiermit reinige ich, ... (sagen Sie Ihren Namen), meinen Ritualtisch für das Marsritual.«

Nun reinigen Sie alle drei Kerzen, indem Sie diese mit Salzwasser abreiben und dabei sagen:

»Hiermit reinige ich, ... (sagen Sie Ihren Namen), die Kerzen für das Marsritual.«

Ziehen Sie anrufende Pentagramme und rufen Sie die Wächter der vier Himmelsrichtungen. Auch das wissen Sie ja schon wie es geht. Reiben Sie nun nochmals alle Kerzen mit etwas Ritualöl ein, stellen Sie sie in die Kerzenständer, und zünden Sie sie an. Die Räucherkohle zünden Sie jetzt ebenfalls an und legen sie in den Räucherkessel. Nun warten Sie ab, bis die Kohle zu glühen beginnt. Währenddessen konzentrieren Sie sich schon auf Ihren Wunsch und auf Ihr Ziel. Jetzt streuen Sie die Räuchermischung auf die glühende Kohle, dann nehmen Sie die vorgeschriebene Gebetshaltung ein und rufen nach oben:

»Ich weihe diesen Altar zu Ehren von Mars!«

Setzen Sie sich nun bequem vor Ihren Altar und sagen:

»Mächtiger Mars, ich grüße Dich und danke Dir,
daß Du bei mir bist.«

(Tragen Sie nun Ihre Wünsche, Gründe und Fakten so sachlich wie möglich vor. Lassen Sie sich viel Zeit, erklären Sie genau, in welcher Notlage Sie sich befinden und wofür Sie kämpfen.)

Meditieren Sie jetzt eine Weile und stellen Sie sich vor, wie es für Sie ist, wenn Sie Ihr Ziel erreicht haben. Fühlen Sie das Glücksgefühl, das durch Ihren Körper zieht, weil Sie fühlen, wie Mars Ihnen hilft. Bedanken Sie sich bei Mars mit Ihren eigenen

Worten und verabschieden ihn. Ebenso bedanken Sie sich bei den vier Wächtern. Die Überreste des Rituals, die Asche der Räucherkohle und die Wachsreste werfen Sie am darauffolgenden Dienstag zur gleichen Zeit in fließendes Gewässer.

Merkur-Ritual
Ein Ritual für Beruf und Arbeit

Dieses Ritual sollte an einem Mittwoch um 8.00 Uhr (9.00 Uhr SZ) oder 15.00 Uhr (SZ 16.00 Uhr) zelebriert werden.

Für dieses Ritual benötigen Sie:
eine hellgrüne Kerze und zwei weiße Kerzen, Merkur-Räuchermischung, Ritualöl »Merkur«, eine hellgrüne Tischdecke, Kerzenständer, einen Zahnstocher, eine Handvoll Salz, eine kleine Schüssel mit Salzwasser, einen Räucherkessel gefüllt mit Sand oder Salz, Räucherkohle, Streichhölzer und eine Schale mit Geldstücken. Die Farbe des Merkur ist hellgrün. Wenn Sie also nicht nackt zelebrieren können oder wollen, dann hüllen Sie sich in ein grünes Tuch.

Vorbereitung:
Nun können Sie mit der Vorbereitungszeremonie beginnen. Sie sollten bedenken, daß Merkur kein gefühlsbetonter Planet ist und deshalb sachlich angesprochen werden soll. Tragen Sie Ihren Wunsch deshalb auch ziemlich sachlich vor.
Wenn Sie also bereit sind, können Sie Ihren Altartisch decken. Reinigen Sie den Tisch mit Salzwasser, dann legen Sie die Tischdecke darauf. Die weißen Kerzen stellen Sie links und rechts oben auf. Auf die rechte Seite Ihres Tisches stellen Sie die Schüssel mit Salzwasser. Den Räucherkessel stellen Sie in die Mitte.

Legen Sie die Räuchermischung sowie die Räucherkohle bereit, und vergessen Sie die Streichhölzer nicht.

In die hellgrüne Kerze ritzen Sie mit dem Zahnstocher folgendes ein:

Ihren Namen, Ihr Geburtsdatum, Ihren Wunsch
und – ganz wichtig – noch die Formel:

»So sei es! Im Namen Merkurs!«

Jetzt folgt, wie auch bei allen anderen Ritualen, die Zeremonie der eigenen Reinigung und der Entspannung. Damit ist auch die Besinnung und Konzentration auf das Wesentliche verbunden, auf das höhere Ich und auf die Verbindung zum Göttlichen.

Ritual:
Sie beginnen wieder mit der Reinigung Ihres Altares, indem Sie ihn mit Salzwasser besprengen, dabei sagen Sie:

»Hiermit reinige ich, ... (sagen Sie Ihren Namen), meinen Ritualtisch für das Merkur-Ritual.«

Ebenso verfahren Sie mit den drei Kerzen, damit auch diese von allen negativen Einflüssen befreit sind. Dabei sprechen Sie:

»Hiermit reinige ich, ... (sagen Sie Ihren Namen), die Kerzen für das Merkur-Ritual.«

Jetzt ziehen Sie die anrufenden Pentagramme und rufen die Wächter. Reiben Sie nun alle Kerzen mit etwas Ritualöl ein. Dann stellen Sie diese anschließend in die Kerzenständer und zünden sie an. Die Räucherkohle zünden Sie ebenfalls an und geben diese in den Räucherkessel. Während der nächsten zwei bis drei Minuten, die die Räucherkohle braucht, um ganz zu glühen, schauen Sie in die Flamme der Kerze und visualisieren Ihr gewünschtes Ziel. Öffnen Sie nun Ihre Augen und streuen Sie etwas Räuchermischung auf die glühende Kohle. Dann strecken Sie die Arme seitlich aus, die Handflächen nach oben zeigend, und rufen Sie:

»Ich weihe und zelebriere dieses Ritual zu Ehren Merkurs!«

Setzen Sie sich nun bequem im Schneidersitz vor Ihren Altar und sprechen:

»Mächtiger Merkur, ich grüße Dich und danke Dir, daß Du bei mir bist.« (Tragen Sie nun Ihren Wunsch ganz sachlich vor).

Meditieren Sie noch eine Weile. Stellen Sie sich vor, wie Merkur Ihren Wunsch erfüllt hat. Bedanken Sie sich bei Merkur mit Ihren eigenen Worten, anschließend bei den vier Wächtern der Himmelsrichtungen. Die Kerzen lassen Sie ganz abbrennen. Die Überreste sowie das Kleingeld aus der Schale werfen Sie am darauffolgenden Mittwoch zur Merkurzeit in fließendes Gewässer.

Jupiter-Ritual
Ein Ritual für Geld und Erfolg

Dieses Ritual sollte an einem Donnerstag um 8.00 Uhr (9.00 Uhr SZ) oder um 15.00 Uhr (16.00 Uhr SZ) zelebriert werden.

Für dieses Ritual benötigen Sie:
eine grüne Kerze, zwei weiße Kerzen, eine grüne Tischdecke (tannengrün), Ritualöl »Jupiter« oder »Geld und Finanzen« oder »money-dra-

wing-oil«, Räuchermischung »Jupiter«, Kerzenständer, einen Zahnstocher, eine Handvoll Salz, eine kleine Schüssel mit Salzwasser, einen Räucherkessel gefüllt mit Sand oder Salz, Räucherkohle, Streichhölzer sowie Obst und Blüten Ihrer Wahl. Grün ist die Farbe Jupiters.

Sie sollten bedenken, daß Jupiter nur in Notsituationen hilft. Das heißt, wenn Sie nur um Geld bitten, damit Sie sich ein größeres Auto kaufen können, weil alle in der Nachbarschaft ein großes Auto fahren, dann sollten Sie von diesem Ritual Abstand nehmen.

Vorbereitung:
Wenn Sie nun also bereit sind, können Sie Ihren Ritualtisch decken. Zuerst legen Sie die Tischdecke auf Ihren Altar. Die weißen Kerzen sollten links und rechts in den Ecken des Tisches stehen. Auf die rechte Seite des Tisches stellen Sie die Schüssel mit Salzwasser. Den Räucherkessel stellen Sie in die Mitte des Tisches und legen die Räuchermischung und die Räucherkohle bereit. Vergessen Sie die Streichhölzer nicht!

In die grüne Kerze ritzen Sie mit dem Zahnstocher folgendes ein:
Ihren Namen, Ihr Geburtsdatum, die Geldsumme, die Sie benötigen, und: »Bei Jupiter, so sei es !«

Stellen Sie nun die Kerze in die Mitte des Tisches vor den Räucherkessel. Die Blüten und das Obst verteilen Sie um den Räucherkessel und um die Kerze. Lassen Sie eine Zeitlang den Altar auf sich wirken. Beginnen Sie nun mit dem schon beschriebenen Reinigungs- und Meditationsritual, und bedenken Sie bitte immer, daß Sie dieses Ritual nur wegen einer finanziellen Notlage zelebrieren und nicht aus Gier und Eigennutz handeln.

Ritual:

Tauchen Sie nun Ihre Fingerspitzen in die Schüssel mit Salzwasser und besprühen Sie Ihren Altar, indem Sie sagen:

»Hiermit reinige ich, ... (sagen Sie jetzt Ihren Namen), meinen Ritualtisch für das Jupiter-Ritual«.

Besprengen Sie nun die grüne und die beiden weißen Kerzen und sagen Sie:

»Hiermit reinige ich, ... (sagen Sie nun Ihren Namen), die Kerzen für das Jupiter-Ritual.«

Sie wissen schon, daß Sie jetzt die anrufenden Pentagramme ziehen und die vier Wächter der Himmelsrichtungen anrufen müssen.

Reiben Sie alle Kerzen mit etwas Ritualöl ein, stellen Sie sie anschließend in die Kerzenständer und zünden Sie sie an. Die Räucherkohle zünden Sie jetzt ebenfalls an und legen sie in den Kessel auf den Sand oder das Salz. Während der nächsten zwei bis drei Minuten, welche die Kohle braucht, um ganz zu glühen, schauen Sie in die Flamme der Kerze und visualisieren Ihren Wunsch, das heißt, stellen Sie sich vor, wie es Ihnen geht, wenn Sie die erbetene Summe erhalten haben. Streuen Sie nun etwas Räuchermischung auf die glühende Räucherkohle. Breiten Sie Ihre Arme zur Anrufung mit den Handflächen nach oben aus. Richten Sie Ihr Gesicht dabei nach oben und sprechen Sie:

»Ich weihe diesen Kreis zu Ehren von Jupiter.«

Setzen Sie sich nun vor Ihren Altar und sprechen Sie:

»Mächtiger Jupiter, ich grüße Dich und danke dir,
daß Du bei mir bist.«

Tragen Sie nun Ihre Wünsche so sachlich wie möglich vor. Lassen Sie sich dabei Zeit und erklären Sie genau, warum Sie dieses Geld benötigen.
Meditieren Sie eine Weile und stellen sich vor, wie es ist, das benötigte Geld zu besitzen. Fühlen Sie in sich das Glücksgefühl, daß Jupiter Sie erhört hat. Bedanken Sie sich bei ihm und bei den Wächtern mit Ihren eigenen Worten. Die Überreste der Blüten, des Obstes und des Wachses werfen Sie in fließendes Gewässer.

Venus-Ritual
Das schöne Ritual für die Liebe

Dieses Ritual können Sie an einem Freitag um 8.00 Uhr (9.00 Uhr SZ), 15.00 Uhr (16.00 Uhr SZ) oder 22.00 Uhr (23.00 Uhr SZ) zelebrieren.

Für dieses Ritual benötigen Sie:
zwei weiße, zwei rote, zwei blaue und zwei rosafarbene Kerzen, eine rote Tischdecke, einen Räucherkessel aus Kupfer gefüllt mit Sand oder Salz, eine Handvoll Rosenblätter Ihrer Wahl, sieben rote Rosen, eine kleine Schüssel mit Salzwasser, einen Zahnstocher, eine Venus-Räucherung, Räucherkohle, Venus-Ritualöl, Kerzenständer aus Glas oder Keramik oder am besten Kupfer und Streichhölzer. Sie sollten drei Tage vorher nur Obst essen! Rot, rosa oder blau sind die Farben von Venus, wenn Sie dieses Ritual nicht nackt zelebrieren wollen, dann tragen Sie Kleidung in diesen Farben. Wichtig ist, daß Sie keinen Schmuck außer Kupfer tragen sollten, ebenso sollten auf dem Altar die Gefäße, wie Räucherkessel oder Kerzenleuchter, nur aus Kupfer sein.

Venus mag die anderen Metalle nicht. Das Ritual würde sich dann in das Gegenteil verkehren!

Dieses Ritual hat sehr viel mit Ruhe, Gefühl und Liebe, Zärtlichkeit, Geborgenheit, Verständnis und Harmonie zu tun. Deshalb sollten Sie auch mit diesen Gefühlen das Ritual begehen!

Vorbereitung:
Zuerst legen Sie die Tischdecke über den Altar. Die weißen Kerzen stellen Sie links und rechts oben auf Ihren Ritualtisch. Auf die rechte Seite Ihres Tisches stellen Sie die Schüssel mit dem Salzwasser. Den Räucherkessel stellen Sie in die Mitte des Tisches und legen die Räuchermischung und die Räucherkohle bereit. Verteilen Sie die roten Rosen auf Ihrem Altar.

Nehmen Sie eine rote Kerze, ritzen Sie mit dem Zahnstocher ein:
Ihren Namen, Ihr Geburtsdatum.

Nehmen Sie jetzt die zweite rote Kerze und ritzen Sie ein:
Name und Geburtsdatum der Person, mit der Sie verbunden sein wollen.

Stellen Sie dann diese zwei Kerzen nebeneinander vor dem Räucherkessel auf. Ritzen Sie nun in eine blaue Kerze:

»In Liebe sind wir verbunden! So sei es!«

In die zweite blaue Kerze ritzen Sie:

»In Treue sind wir verbunden! So sei es!«

Diese beiden Kerzen stellen Sie links und rechts neben den Kessel. Nehmen Sie nun eine rosarote Kerze und ritzen Sie ein:

»Leidenschaft verbindet uns! So sei es!«

Nun nehmen Sie die zweite rosarote Kerze und ritzen Sie ein:

»Liebe, Treue, Leidenschaft ist unser ständiger Begleiter! So sei es!«

Diese zwei Kerzen stellen Sie nebeneinander hinter den Kessel. Lassen Sie nun den Altar eine Weile auf sich wirken, und wenn alles zu Ihrer Zufriedenheit ist, können Sie sich selbst vorbereiten. Reinigen Sie sich und meditieren Sie, wic ich es Ihnen schon beschrieben habe. Wenn Sie sich ganz ruhig und entspannt fühlen, stellen Sie sich Ihr Ziel bildlich vor. Mit positiven Gedanken und einem tiefen Gefühl von Liebe beginnen Sie mit dem Ritual.

Ritual:
Reinigen Sie Ihren Ritualtisch, indem Sie ihn mit Salzwasser besprengen, dabei sprechen Sie in einem Singsang oder, noch besser, Sie tragen singend vor:

»Hiermit reinige ich, ... (singen Sie Ihren Namen),
meinen Altar für das Venus-Ritual.«

Ziehen Sie anrufende Pentagramme und rufen Sie zum Schutze des Rituals die vier großen Wächter der vier Himmelsrichtungen und der Elemente! Alle acht Kerzen werden nun durch Bestreichen mit Salzwasser gereinigt. In ebenfalls singendem Tonfall tragen Sie vor:

»Hiermit reinige ich, ... (Ihr Name), die Kerzen für das Venus-Ritual.«

Reiben Sie die Kerzen mit etwas Ritualöl ein, stellen Sie die Kerzen dann wieder auf ihren vorgesehenen Platz in die jeweiligen Kerzenständer und zünden Sie sie an. Zünden Sie nun auch die Räucherkohle an und legen Sie diese in den Räucherkessel auf den Sand. Während der nächsten zwei bis drei Minuten, welche die Kohle braucht, um zu glühen, schauen Sie in die Flammen der roten Kerzen und visualisieren Sie Ihr gewünschtes Ziel. Fühlen Sie das Glücksgefühl, das Sie verspüren, wenn Sie Ihr Ziel erreicht haben. Streuen Sie die Räuchermischung auf die glühende Kohle, dann nehmen Sie die Anrufungshaltung ein, indem Sie die Arme seitlich ausstrecken, wobei die Handflächen nach oben zeigen! Ihr Gesicht wenden Sie in Richtung Süden und rufen in singendem Ton:

»Ich weihe diesen Kreis zu Ehren der gütigen Venus.«

Kreuzen Sie nun Ihre Arme vor der Brust und knien Sie vor Ihrem Altar nieder. Singen Sie:

»Mächtige, weise Venus, ich grüße Dich und danke Dir,
daß Du bei mir bist.«

Singen Sie nun voller Liebe und Demut, was ihr Herz begehrt. Meditieren Sie noch eine Weile und stellen Sie sich Ihr Ziel in den schönsten Bildern vor. Sie spüren die Liebe und die Zärtlichkeit in sich und das Glück, weil Sie ganz genau wissen, daß Sie erhört wurden. Bedanken Sie sich aus tiefstem Herzen bei der mächtigen Venus und seien Sie sich gewiß, daß Sie erhört wurden und sich Ihr Wunsch erfüllt hat. Bedanken Sie sich auch bei den großen Wächtern des Ostens, des Südens, des Westens und des Nordens. Verabschieden Sie sich jetzt bei der gütigen Venus. Lassen Sie alle Kerzen niederbrennen. Alle Überreste des Rituals vergraben Sie am darauffolgenden Freitag zur Venuszeit unter einem blühenden Baum bzw. einem Baum, der Früchte tragen wird.

Teil VII

Herstellung von Weihrauch

Schutzweihrauch

6 Teile Olibanum
1 Teil Lorbeerblätter
1 Teil Wacholderbeeren
1 Teil Rosmarin
1 Teil Benediktenkraut
1 Teil Beifuß
1 Teil Schafgarbe
1 Teil Johanniskraut
1 Teil Waldwurz
1 Teil Basilikum
3 Tropfen Wacholderöl

Diesen Schutzweihrauch können Sie immer verwenden. Er gibt Ihnen auch Schutz, wenn Sie keine Zeit für ein großes Schutzritual haben. Mit dieser Räucherung können Sie auch Ihr Auto, Ihre Wohnung und Ihre Wertgegenstände schützen.

Weihrauch für Partnerzusammenführung

2 Teile getrocknete Rosenblätter
1 Teil Zimt
1 Teil Sandelholz
3 Tropfen Rosenöl
3 Tropfen Moschusöl
4 Gewürznelken
1 Teil Benzoe

Dieser Weihrauch ist wichtiger Bestandteil für das große Venusritual. Ohne ihn sollten Sie kein Liebesritual durchführen.

Weihrauch für Partnertrennung

2 Teile Myrrhe
2 Teile Mastix
1/2 Teil Salbei
1/2 Teil Knoblauch
1/2 Teil Pfeffer
1 Teil Teufelsdreck
1 Teil Drachenblut (Vorsicht, reizend)

Diese Räucherung verwende ich mit Erfolg für Partnertrennungen.

Weihrauch für Geldrituale

1 Teil Sandelholz
1 Teil Benzoe
1 Teil Gewürznelke
1 Teil Storax
1 Teil Samen einer Esche

Weihrauch für Gesundheit

1 Teil Zimt
1 Teil Kamille
1 Teil Sandelholz
1 Teil Gewürznelke
1 Teil Amber

Dieser Weihrauch eignet sich gut für Gesundheitsrituale.

Weihrauch für Abwehr und Schadensabwehrrituale

Mischen Sie diese Kräuter an einem Donnerstag, um 00.00 Uhr:

2 Teile Salbei
1 Teil Basilikum
1 Teil Drachenblut (Vorsicht, reizend)
1 Teil Lavendel
3 Teile Myrrhe
1 Teil Rosmarin
1 Teil Teufelsdreck

Stellen Sie sich bei der Mischung der Kräuter vor, wie alle Flüche und negativen Einflüsse an Ihnen abprallen und wie diese Flüche Ihren Feind hundertfach treffen.

Weihrauch für die Beschwörung von Geistwesen

1 Teil Rosenblüten
1 Teil Baldrian
1 Teil Zimt
1 Teil Waldmeister

Weihrauch zur Steigerung der Sexualkraft

1 Teil Rosenblätter
1 Teil Gewürznelken
1 Teil Hyazinthblüten
1 Teil Jasmin
7 Tropfen Moschusöl

Teil VIII

Herstellung von Talismanen und Amuletten

Wissenswertes über Talismane und Amulette

Der Gebrauch von Talismanen und Amuletten ist bei allen Völkern dieser Erde bekannt, und seit Jahrtausenden benutzt man diese Talismane und Amulette, um sich entweder zu schützen oder um ein bestimmtes Ziel zu erreichen. Fast jeder Gegenstand eignet sich als Talisman oder Amulett. Das Läuten der Glocken oder ein Windspiel beispielsweise soll böse Mächte und Dämonen fernhalten. Das Amulett wird verwendet, um etwas Böses abzuwehren, der Talisman aber, um etwas Gutes anzuziehen. Das Amulett ist also ein passiv wirkender, magischer Schutzgegenstand, der die Person, die ihn trägt, oder auch Haus und Eigentum vor widrigen, bösen Einflüssen bewahrt. Der Talisman dagegen ist ein aktiver magischer Gegenstand, der seinem Träger Glück und Erfolg in allen Lebenslagen verschaffen kann. Den Begriff Amulett könnte man aus dem arabischen »hamalet« ableiten, was soviel bedeutet wie Anhängsel. Als »hamalet« haben die Araber kleine Zettel mit wundertätigen Sprüchen bezeichnet. Diese wurden an einer Schnur aufgereiht um den Hals getragen. Der Name Talisman kommt aus dem Türkischen »talismanen«. So wurden Gelehrte und Geistliche genannt, die sich mit magischen Wissenschaften befaßten. Im Türkischen wird auch die Wortgruppe » talis, talism, tilism, talismon« als Wunderbild bezeichnet. Also ein Bild, das Wunder vollbringen soll.
Die Herstellung solcher Talismane möchte ich an drei Beispielen im folgenden Teil beschreiben.
Talismane kann man sowohl alleine als auch in der Gruppe herstellen, man sollte jedoch immer den nötigen Ernst und die nötige Ehrfurcht bei den Ritualsprüchen bewahren, sonst verkehrt sich alles ins Gegenteil. Um einen Talisman zu weihen, braucht man bei allen Ritualen immer eine weiße Kerze und Räucherstäbchen sowie entweder Myrrhe oder Sandelholz.

Die Herstellung eines Liebestalismans

Ein sogenanntes »Liebeskräutersäckchen« verwendet man, um einen Partner zu gewinnen, ihn zu behalten oder die Liebe noch inniger werden zu lassen.

Dafür benötigen Sie:
eine rote und eine weiße Kerze, Sandelholzräucherstäbchen, Sandelholzöl, Rosenblätter und drei Gewürznelken sowie ein Quadrat aus rotem Stoff, vorzugsweise rote Baumwolle oder Seide, und das Bild des Partners sowie einen wasserfesten Filzschreiber.

Nähen Sie sich ein Säckchen aus dem roten Stoff. Zünden Sie dann die weiße und die rote Kerze und das Räucherstäbchen an. Das Säckchen wird mit zwei bis drei Tropfen Sandelholzöl beträufelt, mit den getrockneten Rosenblättern und den Gewürznelken gefüllt.
Nehmen Sie nun das Bild Ihres Partners und schreiben Sie mit dem Filzschreiber auf die Rückseite Ihren Wunsch und geben Sie das Bild ebenfalls in das Säckchen. Verschnüren Sie nun das Ganze mit einem roten Faden und binden Sie neun Knoten. Wiederholen Sie bei jedem Knoten Ihren Wunsch.

Dann nehmen Sie das Säckchen in die linke Hand, halten Sie es vor Ihren Mund und sprechen Sie dreimal:

»Ihr großen Mächte des Feuers, des Wassers, der Erde und der Luft, erhört meinen Wunsch. Ich möchte, daß ... (genau den Wunsch formulieren und das gewünschte Datum vorhersagen), so sei es!«

Seien Sie sich dessen gewiß, Ihr Säckchen wird Ihren Wunsch erfüllen.

Solche Seidensäckchen erhalten Sie in vielen verschiedenen Farben. Mit der richtigen Füllung und Weihe ist es Ihr ganz persönlicher Talisman.

Partner-Amulett
Es hält und festigt jede Art von Beziehung, fördert das Zusammengehörigkeitsgefühl zwischen Partnern, Freunden und in der Ehe.

(Die Bestelladresse für Amulette und Zubehör finden Sie am Ende des Buches.)

Die Herstellung eines Gesundheitstalismans

Dafür benötigen Sie:
eine weiße Kerze, ein Myrrheräucherstäbchen, ein blaues Säckchen, ein Bild und ein Stück Fingernagel von sich oder der Person, der Sie das Säckchen schenken wollen, neun Haare von sich oder der Person, der Sie helfen wollen, drei Körner Reis, etwas Engelwurz, blauen Bindfaden sowie einen wasserfesten Filzschreiber.

Haben Sie alles bereitliegen, zünden Sie die Kerze und das Räucherstäbchen an und schreiben mit dem Stift auf die Rückseite des

Bildes Wunsch und Namen der Person, der das Säckchen helfen soll. Geben Sie das Bild, die Haare, den Fingernagel, Reis und Kräuter in das Säckchen, verschnüren Sie es mit dem blauen Faden und binden Sie neun Knoten. Bei jedem Knoten wiederholen Sie den Wunsch. Legen Sie den Talisman in die offene linke Innenhand, halten Sie ihn der Kerze entgegen und sprechen Sie dreimal:

»Ihr großen Mächte des Feuers, des Wassers, der Erde und der Luft, erhört meinen Wunsch: Füllt diesen Talisman mit der allmächtigen positiven Energie, damit ... (Ihr Name oder Name der Person, der Sie das Säckchen schenken), keine schlimme Krankheit bekommt, so sei es!«

Dabei stellen Sie sich vor, wie warmes helles Licht von der Kerze in den Talisman fließt und dieser immer voller und mit positiver heilender Energie gefüllt wird. Der Talisman strahlt in Ihrer Vorstellung immer heller und heller, Sie spüren, wie der Talisman immer stärker und stärker wird. Tragen Sie diesen Talisman immer bei sich. Die positive Energie wird sich auf Sie übertragen.

Vitalitätstalisman
Er verleiht eine stabile Gesundheit, fördert die Selbstheilungskräfte und aktiviert die Regeneration. Schenkt Widerstandskraft und Vitalität.

Willenstalisman
Stärkt den Willen zur Veränderung, bringt den Durchbruch, schlechte Gewohnheiten und Gedanken können überwunden werden.

Die Herstellung eines Erfolgstalismans

Dafür benötigen Sie:
eine weiße und eine grüne Kerze, ein grünes Stück Stoff, Rosmarin und Lavendel, Teufelsdreck, ein Stück Jungfernpergament und Drachenbluttinte, grünen Bindfaden, Sandelholzräucherstäbchen sowie einen Federhalter mit Schreibfeder.

Nähen Sie wie bei den anderen Beispielen ein grünes Säckchen, schreiben Sie auf das Jungfernpergament Ihren Wunsch mit Drachenbluttinte, und geben Sie es dann mit dem Teufelsdreck und den Kräutern in das Säckchen. Während Sie das alles vorbereiten, brennen die beiden Kerzen und das Räucherstäbchen.
Halten Sie nun das Säckchen über die grüne Kerze und stellen sich Ihren Wunsch ganz intensiv vor. Rufen Sie die großen Mächte des Feuers, des Wassers, der Erde und der Luft. Wiederholen Sie Ihren Wunsch und Ihr Ziel. Danach halten Sie das Beutelchen über die weiße Kerze und stellen sich vor, wie es mit positiver Energie geladen wird. Verschnüren Sie das Säckchen mit dem grünen Bindfaden, binden Sie neun Knoten und wiederholen Sie bei jedem Knoten Ihren Wunsch. Sprechen Sie dann:

»So sei es ab sofort!«

Die Wachsreste und die Reste des Rituals vergraben Sie am anderen Tag unter einem blühenden Baum.

Ritual der Aufladung

Dafür benötigen Sie:
eine weiße Kerze, ein weißes Tuch, ein Glas Wasser, Salz, Weihrauch, am besten Astralsandel.

Vergewissern Sie sich, daß Sie in der nächsten Zeit nicht gestört werden. Verdunkeln Sie den Raum, decken Sie den Altar. Stellen Sie die Kerze in die Mitte und zünden Sie diese und das Räucherstäbchen an, stellen Sie das Glas Wasser hinzu, und legen Sie den Talisman bereit. Schließen Sie die Augen und stellen Sie sich vor, wofür Sie diesen Talisman gefertigt haben. Die beste Wirkung erzielen Sie, indem Sie sich eine klare Situation und deren Resultat vergegenwärtigen. Steht der Talisman für Arbeit, stellen Sie sich vor, wie Sie in Ihrem Traumjob arbeiten und wieviel Geld Sie verdienen. Streuen Sie das Salz langsam in das Glas mit Wasser. Visualisieren Sie, daß das Glas mit goldenem Licht gefüllt wird und sprechen Sie:

»Mit diesem Salz segne ich dieses Wasser, möge, was immer es berührt, mit Licht gefüllt sein.«

Besprengen Sie den Talisman mit dem Wasser und sprechen Sie:

»Mit diesem Wasser segne ich meinen Talisman.«

Halten Sie nun den Talisman über die Räucherstäbchen und sprechen Sie wiederum dabei:

»Mit diesem Räucherwerk lade ich meinen Talisman auf für ... (verbalisieren Sie das Ziel, das Sie mit dem Talisman erreichen möchten).«

Halten Sie den Talisman über die Kerzenflamme, sprechen Sie:

»Mit dieser Flamme reinige ich den Talisman« (sagen Sie auch an dieser Stelle, was Sie mit diesem erreichen möchten).

Nun setzen Sie sich hin und schließen die Augen. Halten Sie dabei den Talisman in der rechten Hand. Stellen Sie sich vor, über Ihnen sei ganz helles Licht. Konzentrieren Sie sich darauf. Nun erblicken Sie einen Kanal, durch den das helle Licht direkt in Ihr drittes Auge strahlt und sich von dort aus in Ihrem Körper ausbreitet, und zwar so lange, bis Sie sich ganz und gar von dem goldenen Licht durchdrungen fühlen. Von diesem kosmischen Licht fühlen Sie sich gestärkt. Aus Ihrer rechten Hand fließt diese Energie direkt in Ihren Talisman. Stellen Sie sich nun gleichzeitig vor, wie Ihr Wunsch auch in Erfüllung geht. Nun entspannen Sie sich, essen eine Kleinigkeit, als Symbol dafür, daß Sie aus dem Kosmos wieder auf die Erde zurückgekehrt sind. Tragen Sie nun den Talisman. Vergessen Sie aber dabei die Funktionen, die er hat. Es reicht völlig, daß er mit dem Kosmos und mit Ihrem Unterbewußtsein in Verbindung steht.

Talisman für unwiderstehliche Anziehung
Um das Herz einer Person zu gewinnen wird dieser Talisman verwandt. Die Symbole stehen für magische Ausstrahlungskraft.

Salomons Glückstalisman
Er steht für allgemeines Glück, darüber hinaus schützt er seinen Träger vor Unheil und vor schlechten Einflüssen.

Teil IX

Edelsteine und Mineralien

Die magischen Kräfte und die heilende Wirkung der Edelsteine

Seit Jahrhunderten sind die magischen Kräfte und die heilende Wirkung von Edelsteinen und Mineralien bekannt. Hildegard von Bingen hat schon im 12. Jahrhundert die heilenden Kräfte der Steine für sich und ihre Patienten genutzt.

Auch ich arbeite viel mit Steinen. Zum einen bei meinen Reiki-Sitzungen, zum anderen natürlich auch bei meinen magischen Ritualen. Kleine Steine begleiten mich auf allen meinen Wegen. Zu Hause und in meinem Ritualzimmer habe ich mir große Amethystdrusen, Bergkristallspitzen, Rosenquarzbrunnen und Salzkristallampen sowohl zur Verbesserung der Gesamtatmosphäre als auch zum Schutz aufgestellt.

Ich möchte mich hier jedoch nur auf die magische Wirkung der Steine beschränken und darauf, zu welchen Zwecken ich diese Steine gebrauche. Die nachstehenden Edelsteine und Mineralien, Träger kosmischer Kräfte, verwende ich bei meinen Ritualen.

Steine für Liebesrituale

Amethyst
wird für Liebe, Harmonie in der Beziehung, Freundschaft und Glück verwendet.

Granat
wird als Stein der Liebe und Treue verwendet. Jeder, der einen untreuen Partner hat, sollte einen solchen Stein bei sich tragen.

Rosenquarz
hilft bei Liebeskummer und verhilft zu neuer Liebe. Man kann ihn auch dazu verwenden, einer bestehenden Partnerschaft eine positive Wendung zu geben.

Rubin
ist der Stein, der die Liebe verstärkt und Leidenschaft fördert.

Koralle
sollte verwendet werden, wenn Ihnen Ihre Mitmenschen Ihre Partnerschaft neiden.

Steine für Fruchtbarkeitsrituale

Mondstein
wird für Fruchtbarkeitsrituale verwendet. Insbesondere während der Vollmondphase sollte der Stein getragen werden. Die kosmische Energie, die ein solcher Stein bei Vollmond aufnimmt, gibt er an die Trägerin während des gesamten Mondzyklus ab und beeinflußt so die Fruchtbarkeit der Trägerin; insbesondere dann, wenn sie zusätzlich ein Fruchtbarkeitsritual zelebriert, steht ihr Aradia mit göttlicher Kraft bei.

Rauchquarz
steigert in ähnlicher Weise die Fruchtbarkeit.

Steine für Erfolgsrituale

Aquamarin
ist besonders bei Geldgeschäften zu empfehlen.

Citrin
sollten Sie dann bei sich tragen, wenn Sie ein berufliches Ziel verwirklichen wollen.

Türkis
zieht ebenfalls Geld und Reichtum an.

Steine für Schutz- und Abwehrrituale

Bergkristall
ist einer der wichtigsten Schutzsteine in der Magie. Jeder, der magisch arbeitet, sollte unbedingt immer einen Bergkristall bei sich tragen, denn dieser hilft dabei, negative Einflüsse fernzuhalten.

Turmalin
insbesondere schwarze Turmaline schützen vor schwarzmagischen Angriffen. Sie sollten auch immer dann einen schwarzen Turmalin bei sich tragen, wenn Sie Abwehr- und Schadensrituale vollziehen.

Türkis
schützt vor dem sogenannten bösen Blick und vor Verwünschungen.

Heil- und Schutzsteine der Magie

Amazonit
ist ein Stein, der Lebenskraft schenkt und das Herz stärkt. Er wirkt besonders gut gegen Kopfschmerzen und Migräne. Der

Amazonit aktiviert kreative Eigenschaften, darüber hinaus schenkt er mehr Toleranz und Geduld.

Aventurin-Sonnenstein
ist ein wunderbarer Stein gegen Verdauungsstörungen, Blähungen oder Verstopfungen. Er vermittelt Toleranz, Humor und Geduld. Der Aventurin-Sonnenstein wirkt hervorragend gegen unreine Haut und Allergien. Er ist auch bestens geeignet bei psychosomatischen Störungen und Ängsten.

Amethyst
hilft gegen Kopfschmerzen, Nervosität und innere Unruhe. Wenn Sie einen lieben Menschen durch Tod verloren haben, sollten Sie stets einen Amethyst bei sich tragen, denn er hilft Verluste zu bewältigen.

Bergkristall
wirkt besonders stark bei Herz- und Kreislaufbeschwerden. Der Bergkristall ist dafür bekannt, Blockaden psychischer Art zu lösen. In der Magie wird er vor allem als Schutz- und Reinigungsstein verehrt.

Baumachat
ist ein seltener Stein und wirkt besonders beruhigend auf das Nervensystem. Er reguliert den Wasserhaushalt und unterstützt die Funktion von Nieren und Blase. Der Baumachat macht uns sensibler im Umgang mit Kindern.

Citrin
eignet sich besonders, wenn Sie Magen- und Darmprobleme haben. Falls Sie gerade eine Diät machen, ist Ihnen der Citrin ein wertvoller Helfer, denn er regt den Stoffwechsel an.

Diamant
hilft gegen alles. Man könnte fast sagen, er ist ein Allheilstein. In Verbindung mit anderen Steinen wirkt er als Verstärker.

Fluorit
wirkt verstärkt gegen Lungen- und Atemwegserkrankungen. Im magischen Bereich ist der Fluorit besonders bei Meditationen zu empfehlen, da er das Tor zum Unterbewußtsein öffnet.

Granat
eignet sich zur Reinigung des Blutkreislaufes und kräftigt das Herz. Im psychischen Bereich wirkt der Granat besonders stark gegen Depressionen.

Heliotrop
wirkt reinigend auf den gesamten Körper, zum Beispiel bei jeder Art von Infektion. Magisch arbeitende Personen tragen einen Heliotrop, um unerwünschte Schwingungen fernzuhalten.

Jaspis
Wenn Sie sich ein Baby wünschen, sollten Sie einen Jaspis auf der Haut tragen, nicht umsonst wird dieser Stein als Sexual- und Fruchtbarkeitsstein beschrieben.

Karneol
hilft gegen Unterleibsbeschwerden sowie bei Geburtsschmerz. Der Karneol verleiht auch Lebensfreude und Mut, schwierige Situationen im Leben zu überstehen.

Lapislazuli
ist ein Stein, der heilend auf Kehlkopf und Hals wirkt. Der Lapislazuli wird im Frühstadium von Krebs um den Hals getragen.

Mondstein
für Frauen ein wertvoller Stein. Er bringt den Hormonhaushalt ins Gleichgewicht und hilft gegen Menstruationsbeschwerden. Er unterstützt Weiblichkeit und Liebe.

Malachit
lehrt uns Eigenverantwortung, gibt Ausgeglichenheit, Verständnis und Toleranz. Der Malachit ist bestens geeignet für das gesamte Nervensystem.

Magnesit
wirkt positiv auf den gesamten Knochenbau und das Sonnengeflecht. Er stärkt den Kreislauf und senkt das Cholesterin.

Onyx
unterstützt Gehör und Augen, fördert die Wahrnehmung – alles zu hören, zu sehen und aufzunehmen -, und fördert die geistige Frische. Er wirkt auch bestens gegen Entzündungen der Organe und der Haut.

Pyrit
ein goldfarben glänzender Stein, der gegen Depressionen, streßbedingte Reizungen und Erschöpfungszustände wirkt.

Rosenquarz
hilft bei emotionalen Störungen, regt das Herz an, sich zu öffnen und löst tief verborgene seelische Spannungen.

Rutilquarz
schenkt Lebenskraft und Selbstbewußtsein. Der Rutilquarz ist bekannt für seine stärkende Kraft auf das Immunsystem und die schmerzlösende Wirkung im Bronchialsystem.

Sodalith
absorbiert negative Gedanken und klärt den Geist. Er erhöht die Ausdruckskraft und stärkt alle Organe des Gehirns.

Tigerauge
hat gute heilende Wirkungen auf den Kopf, hilft bei Kopfschmerzen und Migräne. Er aktiviert die Denk- und die Konzentrationsfähigkeit und ist hilfreich bei Prüfungen und schulischen Aufgaben.

Türkis
stärkt unsere Aura und ist ein mächtiger Schutzstein gegen Unfälle, schlechte Energien, Pech und falsche Freunde.

Turmalin schwarz
mächtigster Schutzstein aller Magier und Hexen.

Weißquarz
reguliert die Fette im Blut und aktiviert den Magen, den Darm, die Lunge und die Zirbeldrüse. Anregend wirkt er auf die Produktion von Östrogen, Insulin, Adrenalin und Testosteron. Er nimmt uns die Lustlosigkeit und wandelt diese in Vitalität.

Rituale mit Edelsteinen

Aus der Magie sind Edelsteine nicht wegzudenken. Den Sternzeichen sind Edelsteine genauso zugeordnet wie auch den Göttern. Zum Beispiel ist dem Jupiter der Amethyst und der rote Jaspis, dem Mond der Mondstein, dem Merkur der Opal und der Venus der Granat oder auch der Rubin zugeordnet. Wir können mit Edelsteinen Rituale zelebrieren, um die kosmische

Kraft zu verstärken und zu zentrieren. Ich möchte Ihnen hier einige Edelsteinrituale vorstellen.

Reinigungsritual für Edelsteine und Mineralien

Bevor Sie den von Ihnen ausgesuchten Stein tragen oder für ein magisches Ritual verwenden, sollten Sie ihn reinigen, da diese Steine, bis sie zu Ihnen gelangen, vielen Energien, auch negativen, ausgesetzt sind, beispielsweise in den jeweiligen Geschäften. Sie benötigen zur Reinigung eine Schüssel mit Salzwasser, eine weiße Kerze und Reinigungsräucherstäbchen.
Wenn Sie in der glücklichen Lage sind, in der Nähe einer Quelle zu wohnen, dann halten Sie Ihren Stein ungefähr zehn Minuten lang unter das fließende Quellwasser, oder zumindest so lange, bis sie das Gefühl haben, der Stein ist von allen negativen Einflüssen reingewaschen. Sonst können Sie den Stein auch in eine Schüssel mit Salzwasser legen und ihn so von den negativen Einflüssen reinigen. Anschließend wird der Stein über die Flamme einer weißen Kerze und über das Räucherstäbchen gehalten. Dann sprechen Sie dreimal laut:

»Lebe, wirke.«

Anschließend legen Sie den Stein in einen Schutzkreis im Freien und ziehen darüber das bannende Pentagramm. Lassen Sie nun den Stein kosmische Energie aufnehmen. Wenn der Stein genügend feinstoffliche und kosmische Energie aufgeladen hat, können Sie ihn zusätzlich bei den entsprechenden Liebesritualen oder anderen Ritualen auf Ihren Altar legen und ihm somit auch noch ein gewünschtes Ziel eingeben. Beachten Sie bitte hierbei, daß Sie die verwendeten Steine immer wieder reinigen und neu mit Energie aufladen müssen. Sollten die Steine im Laufe der Zeit brechen oder glanzlos und stumpf werden, geben Sie diese der Natur zurück und bedanken sich bei den Göttern für die Ihnen gebrachte Hilfe.

Rosenquarzritual, um die Liebe anzuziehen

Wenn Sie einen Freund oder Bekannten haben, der Ihnen mehr bedeutet, und Sie seine Liebe zu Ihnen entfachen wollen, zelebrieren Sie dieses Ritual. Wenn er keine andere Person liebt, wird sich Ihr Freund in Sie verlieben. Nach Beendigung dieses Rituals schenken Sie ihm einfach einen der zwei Rosenquarze, den anderen behalten Sie selbst. Sie können dann immer, wenn Sie Ihren Rosenquarz zur Hand nehmen, geistigen Kontakt zu dem Quarz Ihres Bekannten aufnehmen und ihn über diesen Quarz beeinflussen, indem Sie ihm Ihre Liebe, Ihre Wünsche, Ihre Sehnsüchte und Ihre Leidenschaft übermitteln.

Für dieses Ritual benötigen Sie:
zwei kleine Rosenquarze, Moschusräucherstäbchen, eine weiße und zwei rosarote Kerzen, eine kleine Schale mit Salzwasser, einen Zahnstocher, ein rosarotes Tuch, drei rosa Rosen und »come to me«-Öl.

Dieses Ritual können Sie an einem Freitag oder Montag jeweils zur Venus- oder Mondzeit zelebrieren.

Vorbereitung:
Decken Sie den Altartisch. In die Mitte des Tisches stellen Sie die weiße Kerze. Legen Sie die drei Rosen in einem Dreieck um die weiße Kerze. Davor legen Sie die zwei Rosenquarze, dann stellen Sie die Räucherstäbchen hinter die weiße Kerze.

Nun ritzen Sie in eine rosarote Kerze:

Ihren Namen und Ihr Geburtsdatum und Ihren Wunsch.

In die andere rosarote Kerze ritzen Sie:

den Namen und das Geburtsdatum Ihres Auserwählten sowie den Wunsch, daß er die Liebe zu Ihnen gefunden hat.

Die rosaroten Kerzen stellen Sie nun mit in das Dreieck hinein. Links die mit Ihrem Namen, rechts die mit dem Namen Ihres Partners. Die Salzwasserschale stellen Sie rechts am Tischende auf.

Ritual:

Jetzt können Sie mit dem Ritual beginnen. Reinigen Sie sich wie oben beschrieben. So, nun reinigen Sie den Altar, indem Sie ihn mit Salzwasser besprengen. Zünden Sie alle Kerzen und die Räucherstäbchen an. Tauchen Sie nun beide Steine in das Salzwasser und sprechen dabei:

»Ihr Steine für die Liebe rein, bringt ... (Name des Partners)
Liebe mir ins Heim.«

Danach halten Sie die Rosenquarze über die Flamme der weißen Kerze und sprechen:

»Ihr Steine lebt und wirkt, Ihr steht in Verbindung mit den
Gottheiten der Liebe, Ihr bringt die Liebe des ...
(Name des Partners) zu mir.«

Dies wiederholen Sie dreimal. Danach sprechen Sie noch.

»So sei es!«

Diese so geweihten Rosenquarze legen Sie nun in das Dreieck und lassen die Kerzen abbrennen. Am anderen Tag nehmen Sie die Steine heraus und geben einen davon Ihrem Partner. Jedesmal, wenn Sie an ihn denken, nehmen Sie Ihren Stein heraus und sagen Ihren Wunsch, z.B.:

»... (Name des Partners) komm zu mir und liebe mich.«

Dieser Wunsch wird mit Bestimmtheit ankommen.

Rubinritual, um den Partner zur Heirat zu bewegen

Sie lieben sich beide, jedoch wagt Ihr Partner den Schritt zum Standesamt, aus welchen Gründen auch immer, nicht. Wenn Sie sich sicher sind, daß Sie mit diesem Partner gemeinsam durchs Leben gehen möchten, können Sie dieses Ritual zelebrieren. Sie sollten sich aber dessen bewußt sein, daß Sie nur dann die Ehe wieder lösen können, wenn Sie beide Rubine der Erde zurückgeben und das Schloß aufschließen und in einem Fluß versenken. Ansonsten sind Sie immer an Ihren Partner gebunden.

Dieses Ritual können Sie nur an einem Freitag bei Vollmond zur Venuszeit zelebrieren.

Für dieses anspruchsvolle Ritual benötigen Sie:
zwei kleine Rubine, eine weiße Kerze, zwei goldene Kerzen, zwei rote Kerzen, eine rote Tischdecke, ein kleines Vorhängeschloß, einen roten Bindfaden, Rosenöl, sieben rote Rosen, Moschusweihrauch, einen weißen und einen schwarzen Bindfaden, eine kleine Schüssel mit Salzwasser, ein rotes Seidentuch und ein Handtuch. Zum Schutz benötigen Sie noch einen sogenannten Magischen Kreis und einen weißen Totenkopf.

Vorbereitung:
Beginnen Sie mit der Reinigung Ihrer Person und des Altars, dann ziehen Sie einen Schutzkreis und decken den Altar. Auf der linken Seite des Altars sollte der Totenkopf stehen, die kleine Schüssel mit Salzwasser auf der rechten Seite. Legen Sie mit den sieben roten Rosen einen Kreis, in dessen Mitte Sie die weiße Kerze stellen. Dahinter stellen Sie die Räucherstäbchen.

Ritual:
In die beiden goldenen Kerzen ritzen Sie:

Ihren Heiratswunsch.

Stellen Sie sie anschließend rechts und links davon auf. In eine der roten Kerzen ritzen Sie:

Ihren Namen und Ihr Geburtsdatum.

In die andere rote Kerze ritzen Sie:

den Namen Ihres Partners und sein Geburtsdatum.

Zusätzlich ritzen Sie in die Kerze Ihres Partners:

»Du bist mit mir verheiratet, ewige Liebe und Treue.
So sei es ab sofort!«

Nehmen Sie nun beide Kerzen und umwickeln sie neunmal mit dem roten Bindfaden, danach verknoten Sie beide Fadenenden siebenmal miteinander und sprechen bei jedem Knoten laut:

Ihren Wunsch.

Reiben Sie alle Kerzen mit Rosenöl ein. Die zusammengebundenen roten Kerzen stellen Sie vor die weiße Kerze. Die beiden Rubine tauchen Sie in Salzwasser und sprechen dabei laut:

»Hiermit reinige ich die Rubine für das Ritual der Ehe.«

Legen Sie diese nun zu den goldenen und der weißen Kerze. Nehmen Sie jetzt das Vorhängeschloß und schließen es auf. Besprengen Sie es mit Salzwasser, und sprechen Sie dabei laut:

»Das Vorhängeschloß ist hiermit für mein Hochzeitsritual gereinigt.«

Nehmen Sie nun das Handtuch und trocknen das Schloß sorgfältig ab. Jetzt reiben Sie es mit Rosenöl ein und sagen dabei:

»Das Vorhängeschloß ist hiermit der Liebe geweiht.«

Anschließend legen Sie es auf Ihren Altar. Knüpfen Sie nun in den weißen Bindfaden neunundvierzig Knoten, und nach jedem Knoten sprechen Sie:

»Du bist an mich gebunden durch das Band der Ehe.«

Legen Sie dann den Bindfaden auf den Altar. Jetzt zünden Sie die Kerzen und die Räucherstäbchen an. Stellen Sie sich Ihren Wunsch bildlich vor.
Nun nehmen Sie die Rubine und halten Sie diese zuerst über die Flamme der weißen Kerze, dann über den Weihrauch. Sprechen Sie dabei laut und wiederholen Sie folgende Formel siebenmal:

»Du, ... (Name des Partners), bist an mich gebunden, Du bist mit mir verheiratet, Du liebst nur mich in allen Zeiten.«

Nach Beendigung der Formel sprechen Sie:

»So sei es ab sofort!«

Das Vorhängeschloß halten Sie nun ebenfalls über die Flamme der weißen Kerze und über den Weihrauch; während Sie das tun, sprechen Sie ebenfalls siebenmal die folgende Formel:

»Hierin liegt unser gemeinsames Leben, unsere Ehe, unsere Zukunft, fest gebunden und verschlossen.«

Dann verschließen Sie das Vorhängeschloß. Legen Sie nun alles wieder an seinen Platz und lassen es liegen.
Um Mitternacht nehmen Sie den schwarzen Faden und binden ebenfalls neunundvierzig Knoten hinein und sprechen laut bei jedem Knoten:

»Widerwärtig sind Dir andere Frauen, das Glück in der Liebe findest Du nur in der Ehe mit mir.«

Diesen Bindfaden und den weißen Bindfaden verknüpfen Sie miteinander mit sieben Knoten, indem Sie sprechen:

»Durch diese Knoten sind wir untrennbar miteinander verbunden.«

Lassen Sie alles auf dem Altar liegen, bis die Kerzen erloschen sind. Wickeln Sie nun das Vorhängeschloß, die Bindfäden und die Rubine in das rote Seidentuch. Dieses Päckchen wiederum geben Sie in eine Plastiktüte und verschließen sie wasserdicht. Binden Sie das Ganze sofort, es ist ja Freitag bzw. mittlerweile Samstag morgen ca. 1.00 Uhr und Vollmond, an einen Rosenstrauch. Bei Sonnenaufgang binden Sie es wieder los und verwahren es bis zum nächsten Monat an einem sicheren Platz.
Wiederholen Sie das Anbinden an den Rosenstrauch an zwei weiteren Vollmondnächten, wobei Sie das Päckchen bei Son-

nenuntergang festbinden und bei Sonnenaufgang losbinden. Sorgen Sie unbedingt dafür, daß bei Regen keine Nässe in das Säckchen dringt, das Schloß könnte rosten und damit würde die Liebe ebenfalls »rosten«. Danach geben Sie Ihrem Liebsten einen der beiden Rubine; das Schloß und die Bindfäden verstecken Sie gut in Ihrem Wäscheschrank. Achten Sie jedoch darauf, daß niemand dieses Päckchen berührt. Verlieren Sie bitte niemals das Schloß und die dazugehörigen Schlüssel. Warum das so ist, brauche ich Ihnen ja nicht zu erklären.

Ritual mit Granat, um die Treue des Partners wiederherzustellen

Sollte sich Ihr Partner allzusehr um andere Frauen bemühen und ist er der sogenannte Vorstadtplayboy, so wenden Sie dieses Ritual an. Damit erreichen Sie, daß er Ihnen treu ist.

Hierfür benötigen Sie:
einen Granat, eine rote Kerze, eine rosarote Kerze, eine gelbe Kerze, »come-to-me-oil«, Rosenöl und Moschusweihrauch, eine rote Tischdecke und wie immer einen Zahnstocher und eine kleine Schüssel mit Salzwasser.

Dieses Ritual können Sie an einem Freitag um 20.00 Uhr zelebrieren.

Reinigen Sie sich, dann beginnen Sie mit dem Ritual. Decken Sie den Altar und ritzen in die gelbe Kerze:

»Du, ... (Name des Partners), kommst am ... (genaues Datum) zu mir. So sei es ab sofort!«

In die rosarote Kerze ritzen Sie:

»... (Name des Partners), in Dir brennt ab ... (gleiches Datum wie gelbe Kerze) heiße Leidenschaft nur für mich. So sei es ab sofort!«

In die rote Kerze ritzen Sie:

»Du, ... (Name des Partners), liebst nur mich und bist mir ab ... (gleiches Datum wie gelbe Kerze) treu bis an unser Ende! So sei es ab sofort!«

Alle Kerzen reinigen Sie nun mit Salzwasser. Danach reiben Sie die gelbe Kerze mit *»come-to-me-oil«* ein, die rosafarbene und die rote Kerze reiben Sie mit Rosenöl ein.

Nun reinigen Sie den Granat mit Salzwasser. Zünden Sie jetzt alle Kerzen und die Räucherstäbchen an. Nehmen Sie den Granat in die linke Hand, halten Sie ihn über die gelbe Kerze und sagen:

»Sieh, ... (Name des Partners), wie diese Zeilen brennen in der Kerze, so brennt sich der Wunsch, ab ... (Datum der gelben Kerze) bei mir zu sein, in deine Gedanken ein. So sei es!«

Jetzt halten Sie den Granat über die rosafarbene Kerze und sprechen:

»Sieh, ... (Name des Partners), wie diese Zeilen brennen in der Kerze, so brennt sich die Leidenschaft zu mir in deine Gedanken ein. So sei es!«

Zum Schluß halten Sie den Stein über die rote Kerze und rufen:

»Sieh, ... (Name des Partners), so, wie die Zeilen brennen in der Kerze, so brennt sich die Treue zu mir in Deine Gedanken ein. So sei es!«

Danach legen Sie den Granat auf Ihr sogenanntes drittes Auge (auf der Stirn etwas oberhalb der Nasenwurzel) und stellen sich bildlich vor, daß Ihr Partner ab sofort keinen Blick mehr für andere Frauen hat. Danach legen Sie den Granat wieder auf den Altar bis alle Kerzen abgebrannt sind. Den Stein legen Sie anschließend unter die Matratze Ihres Partners. Die Wachsreste vergraben Sie unter einem blühenden Baum und seien Sie sicher, daß sich der Erfolg einstellt.

Abwehrritual mit einem schwarzen Turmalin

In der heutigen Zeit ist man oft dem Neid und der Mißgunst vieler Menschen ausgesetzt. Von Arbeitskollegen angefangen, bis hinein in den Freundeskreis. Man wird mißtrauisch beäugt und oft wird auch schlecht über einen gesprochen. Um sich vor solchen Angriffen oder Verfluchungen zu schützen, empfehle ich Ihnen, einen schwarzen Turmalin bei sich zu tragen.

Das Ritual können Sie an einem Donnerstag um 00.00 Uhr zelebrieren.

Für dieses Abwehrritual benötigen Sie:
einen schwarzen Turmalin, einen weißen Totenkopf (aus Gips), eine weiße Kerze, eine schwarze Kerze und Astral-Sandel-Räucherstäbchen, einen rostigen Nagel, einen Zahnstocher, Zündhölzer, Ritualöl »black art«, eine schwarze Tischdecke. Vergessen Sie nicht, einen Schutzkreis zu ziehen und eine kleine Schüssel mit Salzwasser aufzustellen.

Reinigen Sie sich, bevor Sie mit den Vorbereitungen des Rituals beginnen. Zuerst decken Sie den Altar. Stellen Sie den Totenkopf rechts auf. Die Schüssel mit Salzwasser stellen Sie davor auf den Altar. In die weiße Kerze ritzen Sie ein:

»Ich, ... (Name und Geburtsdatum), bin vor jedem negativen Einfluß geschützt. Göttliches Licht durchflutet mich und ist mein Schild.«

In die schwarze Kerze ritzen Sie folgendes ein:

»Alle, die mir Böses getan haben, bekommen das Böse hundertfach zurück.«

Dann bohren Sie den rostigen Nagel durch diese schwarze Kerze, aber vorsichtig, damit die Kerze nicht zerbricht. Ziehen Sie nun das bannende Pentagramm in den Boden der Kerze und reiben Sie sie mit dem »*black-art-öl*« ein.

Der schwarze Turmalin wird wie immer mit Salzwasser gereinigt. Zünden Sie jetzt die beiden Kerzen und auch die Räucherstäbchen an. Halten Sie den Turmalin in der rechten Hand und senden Sie Licht in den Turmalin, wie das geht, habe ich Ihnen bereits erläutert (Kapitel »Ritual der Aufladung«, siehe Seite 112). Um ihn zu weihen, halten Sie jetzt den Turmalin über die Räucherstäbchen und sprechen dabei:

»Du dienst mir zum Schutz vor jeglichem negativen Einfluß! Lebe und wirke!«

Das wiederholen Sie dreimal. Anschließend halten Sie den Turmalin über die weiße Kerzenflamme und reichern ihn, wie

bereits praktiziert, nochmals mit göttlichem Licht an. Spüren Sie die Stärke, die von dem Turmalin ausgeht.
Lassen Sie nun alle Kerzen abbrennen. Die Wachsreste der weißen Kerze und die Asche der Räucherstäbchen werfen Sie in fließendes Gewässer. Die Wachsreste der schwarzen Kerze vergraben Sie am besten in der Nähe eines Friedhofes am darauffolgenden Tag um 24.00 Uhr. Drehen Sie sich aber danach nicht um. Sie werden sehen, daß Ihnen niemand mehr etwas anhaben kann, solange Sie den Turmalin tragen.

Abwehrritual mit einem Bergkristall und einem Rauchquarz

Wenn Sie unter vielen Menschen sind, haben Sie sicherlich häufiger das Gefühl der Erschöpfung und fühlen sich erschlagen, ganz besonders in Kaufhäusern oder in Warteschlangen vor der Kasse. Dieses Gefühl kann auch aufkommen, wenn jemand schlecht von Ihnen spricht oder Sie das Gefühl haben, jetzt kommt etwas Unangenehmes auf mich zu.

Dieses Ritual können Sie immer zelebrieren, jedoch am besten zur Sonnenzeit.

Für dieses Abwehrritual benötigen Sie:
einen Bergkristall, einen Rauchquarz und eine weiße Bergkristallkerze. Wenn Sie eine solche nicht beschaffen können, nehmen Sie eine weiße Kerze, das Ritualöl »Reinigung«, eine Glücksräucherung, eine weiße Tischdecke, einen Zahnstocher und eine kleine Schüssel mit Salzwasser.

Reinigen Sie sich, danach decken Sie den Altar. Ritzen Sie nun in die Kerze:

»Alle meine Probleme und Beklemmungen sind aufgelöst.
Nur positive Energie durchflutet mich.«

Zur Reinigung besprengen Sie nun die Kerze mit Salzwasser, danach reiben Sie diese mit dem Ritualöl ein und zünden sie und den Weihrauch an. Die beiden Kristalle reinigen Sie mit Salzwasser. Halten Sie dann beide Kristalle zuerst über die Flamme und anschließend über den Weihrauch, wobei Sie sprechen:

»Gereinigt und geweiht sind die Steine.«

Nehmen Sie den Bergkristall in die linke Hand und den Rauchquarz in die rechte. Setzen Sie sich nun in einer bequemen Meditationshaltung vor die Kerze. Spüren Sie, wie der Bergkristall Ihnen Kraft gibt. Lassen Sie Ihre Gedanken einfach kommen und gehen, Ihre Probleme und alles Negative sehen Sie schwinden, der Rauchquarz nimmt alle diese negativen Energien in sich auf. Versuchen Sie so lange zu meditieren, bis Sie sich frei von allen Problemen fühlen. Danach reinigen Sie beide Steine wiederum mit Salzwasser und legen diese in ein kleines Kästchen. Die Wachsreste vergraben Sie unter einem Baum.

Grundsätzliches zu den Gesundheitsritualen mit Edelsteinen

Auch an dieser Stelle möchte ich Ihnen nochmals sagen, daß die folgenden Gesundheitsrituale mit Edelsteinen sehr wirksam sind, jedoch ersetzen sie nicht die Diagnose und anschließende Behandlung durch Ihren Arzt, Heilpraktiker oder Psychotherapeuten. Diese Rituale sollten Sie lediglich unterstützend zur ärztlichen Behandlung anwenden.

Gesundheitsritual mit einem blauen Turmalin

Wenn Sie sich schlapp und erschöpft fühlen, insbesondere nach einer längeren Krankheit, dann können Sie dieses Ritual anwenden, um Ihre Selbstheilungskräfte zu stärken.

Für dieses Ritual benötigen Sie:
einen blauen Turmalin und eine weiße Kerze, am besten eine Bergkristallkerze, eine weiße Tischdecke, ein Ritualöl »Gesundheit« und Astral-Sandel-Räucherstäbchen, wie immer eine kleine Schüssel mit Salzwasser, Zündhölzer und einen Zahnstocher.

Bevor Sie mit diesem Ritual beginnen, sollten Sie sich reinigen, und zwar am besten mit Aurareinigung und anschließender Lichtkugelmeditation. Danach decken Sie den Altar und ritzen mit dem Zahnstocher in die Kerze:

»Ich bin völlig gesund, das göttliche Licht hat mich gereinigt!
So sei es ab sofort!«

Reinigen Sie nun die Kerze mit Salzwasser, und reiben Sie sie mit Ritualöl ein. Zünden Sie die Kerze und die Räucherstäbchen an. Den blauen Turmalin reinigen Sie ebenso mit Salzwasser und halten ihn anschließend kurz über die weiße Kerzenflamme, dann über die Räucherstäbchen. Sprechen Sie die folgende Formel:

»Turmalin, du lebst, du wirkst und machst mich gesund!«

Wiederholen Sie dies dreimal. Meditieren Sie nun, indem Sie in die Flamme der Kerze schauen und versuchen, das Licht der Flamme mit jedem Atemzug einzuatmen; alles Kranke oder Negative atmen Sie aus. Sagen Sie bei jedem Ausatmen:

»Krankheit (genaue Bezeichnung der Krankheit), du bist verschwunden, alle meine Zellen sind gereinigt und gestärkt. Pure heilende Energie durchströmt meinen Körper. So sei es!«

Führen Sie dabei den Turmalin an die erkrankte Körperstelle und spüren Sie, wie er seine heilende Kraft auf Sie überträgt. Machen Sie diese Meditation solange Sie sich dabei wohlfühlen und es Ihnen angenehm ist. Danach reinigen Sie Ihren Turmalin wiederum mit Salzwasser. Tragen Sie ihn dann bei sich. Sie können ihn immer, wenn Sie sich erschöpft fühlen, verwenden. Sie werden bald sehen, wie Ihre Kräfte zunehmen und jede Körperzelle optimal arbeitet.

Gesundheitsritual mit einem Labradorit

Ihre Selbstheilungskräfte können Sie auch mit einem Labradorit stärken, er ist hierfür einer der stärksten Steine. Er hilft Ihnen insbesondere, Ihren Willen zu stärken, um gegen Ihre Krankheit vorzugehen. Damit kräftigen Sie Ihr Immunsystem und das wiederum führt dazu, daß Ihre Krankheit schneller schwindet.

Dieses Ritual können Sie an jedem Tag zelebrieren, jedoch am besten zur Sonnenzeit.

Für dieses Ritual benötigen Sie:
einen Labradorit und eine goldene Kerze, Gesundheitsöl und eine kleine Schüssel mit Salzwasser, einen Zahnstocher, Zündhölzer, eine weiße Tischdecke und Räucherstäbchen »Gesundheit«.

Reinigen Sie sich und anschließend machen Sie eine Lichtkugelmeditation wie ich es bereits beschrieben habe. Mit dem angenehmen Gefühl, daß der ganze Körper mit positivem, heilendem Licht erfüllt ist, gehen Sie an Ihren Altar und ritzen in die goldene Kerze:

»Ich bin gesund, göttliches Licht hat mich geheilt, so sei es ab sofort!«

Reinigen Sie die Kerze mit Salzwasser, reiben Sie sie mit dem Ritualöl ein und zünden Sie diese zusammen mit dem Räucherstäbchen an. Danach nehmen Sie Ihren Labradorit in die rechte Hand und reinigen ihn ebenfalls mit Salzwasser. Halten Sie ihn dann über die Kerzenflamme und über den Weihrauch. Sprechen Sie dabei laut:

»Du gibst mir Kraft und heilst mich!«

Hauchen Sie nun dreimal über den Labradorit und sprechen Sie dabei dreimal laut:

»Lebe und wirke! So sei es ab sofort!«

Nun setzen Sie sich bequem vor die Kerze, halten den Stein in der offenen Hand der Flamme entgegen und visualisieren, daß positives, heilendes und angenehm warmes Licht in den Labradorit strömt.

Nach dem Ritual werfen Sie die Wachsreste bitte in fließendes Gewässer.

Den Labradorit tragen Sie jetzt am besten bei sich, und immer, wenn Sie sich unwohl fühlen, nehmen Sie sich etwas Zeit, nehmen den Stein zur Hand und visualisieren, wie das Licht aus dem Stein in Ihren Körper fließt. Jede einzelne Zelle bekommt ihren Anteil des Lichts, wird dadurch wieder gestärkt und ist weiterhin völlig gesund. Wenn Ihr Stein nach einiger Zeit an Glanz verliert, reinigen bzw. entladen Sie ihn unter fließendem lauwarmen Wasser. Danach geben Sie ihn in ein Glas mit Mineralwasser und stellen ihn für ca. zwei Tage in die Sonne. Wenn er dann wieder glänzt, können Sie ihn wieder mit diesem Ritual aufladen. Sollte er nach einiger Zeit auch nach einem »Sonnenbad« nicht mehr glänzen, so hat er seinen Dienst getan und seine Kraft verbraucht. Sie sollten ihn dann mit Dank für seine Hilfe der Natur zurückgeben, indem Sie ihn in fließendes Gewässer werfen.

Der Labradorit ist ein seltener Stein.

Geld- und Erfolgsritual mit einem Amethyst

Sie können mit Hilfe eines Amethyst die Kraft Jupiters herbeirufen, insbesondere dann, wenn Sie in Geldnöten stecken. Dieses Ritual kann nur donnerstags zur Jupiterzeit zelebriert werden.

Für dieses Ritual benötigen Sie:
einen Amethyst, Jupiterräucherung, eine grüne Kerze, Ritualöl »Geld« oder »Erfolg«, eine grüne Tischdecke, einen Zahnstocher, Zündhölzer und eine kleine Schüssel mit Salzwasser.

Reinigen Sie sich, bevor Sie dieses Ritual zelebrieren, dann decken Sie den Ritualtisch. In die grüne Kerze ritzen Sie foldendes ein:

Ihren Namen und Ihr Geburtsdatum und den genauen Geldbetrag, den Sie benötigen.

Dann ritzen Sie noch ein:

»So sei es ab sofort im Namen Jupiters!«

Mit Salzwasser reinigen Sie nun die Kerze und reiben Sie mit dem Öl ein. Zünden Sie die Kerze und die Räucherung an. Nehmen Sie den Amethyst zur Hand und reinigen ihn, indem Sie ihn in die kleine Schüssel mit Salzwasser tauchen. Danach halten Sie ihn über die Flamme der Kerze und über die Räucherung. Dabei sprechen Sie laut:

»Die Kraft Jupiters ist in diesem Stein! So sei es ab sofort!«

Wiederholen Sie dies dreimal. Danach legen Sie den Amethyst wieder auf den Altar zurück und meditieren bzw. visualisieren eine Weile, daß Sie den gewünschten Geldbetrag in der Hand halten. Lassen Sie nun die Kerze abbrennen, und vergraben Sie die Reste und die Räucherungsreste unter einer Eiche.

Den Amethyst tragen Sie jedoch immer bei sich. Sie werden sehen, der Erfolg stellt sich ein.

Sternzeichen und die dazugehörigen Steine

Widder (21.03. bis 20.04.)
Granat, Jaspis, Tigerauge und Karneol

Stier (21.04. bis 20.05.)
Achat, Rosenquarz, Aventurin und Malachit

Zwilling (21.05. bis 21.06.)
Citrin, Sodalith, Rutilquarz und Aquamarin

Krebs (22.06. bis 22.07.)
Mondstein, Magnesit, Rubin und
Aventurin-Sonnenstein

Löwe (23.07. bis 23.08.)
Bergkristall, Diamant, Granat und Türkis

Jungfrau (24.08. bis 23.09.)
Jaspis, Citrin, Tigerauge und Sodalith

Waage (24.09. bis 23.10.)
Magnesit, Rosenquarz, Opal und Turmalin

Skorpion (24.10. bis 22.11.)
Malachit, Fluorit, Hämatit und Amethyst

Schütze (23.11. bis 21.12.)
Lapislazuli, Rutilquarz, Sodalith und Aventurin

Steinbock (22.12. bis 20.01.)
Malachit, Onyx, Baumachat und Edeljaspis

Wassermann (21.01. bis 19.02.)
Onyx, Fluorid, Amazonit und Saphir

Fische (20.02. bis 20.03.)
Koralle, Türkis, Perle und Sugilith

Teil X

Pflanzen und Gewürze

Pflanzen und Gewürze in der Magie

Für alle magischen Handlungen brauchen Sie Pflanzen und Gewürze, um den Göttern Ihren Wunsch zu offenbaren.

Es ist hier zu beachten, daß auch Pflanzen und Gewürze Träger von Energien sind, die das magische Arbeiten unterstützen. Das ist deshalb von Bedeutung, weil diese Pflanzen und Gewürze durch ihr Wachstum im Sonnen- wie im Mondlicht dauernd kosmischer Energie ausgesetzt werden. Diese feinstoffliche Komponente hilft der Hexe, ihr Ritual zu verstärken, wenn sie die Energien dem Kosmos wieder zurückgibt.
Das ist natürlich nicht der einzige Grund, warum man Pflanzen und Gewürze bei Ritualen verwendet. Es sollen mit Pflanzen, wie z. B. roten Rosen bei einem Liebesritual, die Stimmung und die Konzentration des Praktizierenden auf das Ritual eingestellt werden. Man kann sich selbstverständlich besser auf ein bestimmtes Ziel fixieren, wenn auch das ganze Umfeld in diese Richtung weist oder gar eine Art Spiegel oder Duplikat des zu erzielenden Ergebnisses ist. Ich glaube, daß es eigentlich selbstverständlich ist, daß man sich gemütlich einrichtet, wenn man es gemütlich haben will. Kaum einer wird das Gegenteil tun.
Die Düfte von Kräutern, Gewürzen, ätherischen Ölen und Harzen haben natürlich den gleichen Zweck und die gleiche Wirkung. Für ein Liebesritual werden Sie liebliche Düfte verwenden und keine übelriechenden, wie z. B. Teufelsdreck.
Eine weitere wichtige Rolle in der weißen Magie spielen die Pflanzen und Gewürze, wenn es um ihre Verwendung als Opfergabe geht. Hierbei werden sie entweder roh bzw. unverarbeitet als Altarschmuck und Opfergeschenk benutzt, oder verarbeitet, z. B. zu Fladenbrot, ebenfalls als Opfergabe verwendet. In der weißen Magie sind keine Blutopfer nötig.

Magische Heilpflanzen

Alraune
Sie ist eine alte Hexen-Pflanze, die eine stark aphrodisierende Wirkung hat und deswegen von alters her in vielerlei Liebestränken und -elixieren sowie bei Liebesritualen verwendet wurde. Bei einigen Völkern wurde sie verdammt, da sie erotische Begierden weckt.

Angelikawurzel
Diese Pflanze hat eine wunderbare Wirkung, wenn es um geistige Stärke, Standhaftigkeit und Entscheidungswillen geht. Hierfür gibt sie uns Kraft. In der Magie verwendet man sie auch bei Heil- und Schutzräucherungen. Sie hat hier sowohl vorbeugende wie auch vertreibende Wirkung.

Drachenblut
Dies ist ein rötliches Pulver, das wie Teufelsdreck bei Schadensabwehrritualen als Räucherung verbrannt wird. Vorsicht! Nicht auf die Haut oder in die Augen bringen – Verbrennungsgefahr!

Gingko Biloba
In Europa war er vor ca. 100 Millionen Jahren weit verbreitet. Als letzter Vertreter seiner Pflanzenfamilie hat er viele Millionen Jahre überlebt. Seine Lebens- und Überlebenskraft ist einzigartig. Am Ende des zweiten Weltkriegs, nach den verheerenden Atombombenabwürfen über Hiroschima und Nagasaki, bei denen dort alles Leben auf schreckliche Weise vernichtet wurde, waren die Gingkobäume die einzigen Pflanzen, die aus ihren traurigen Überresten wieder zu treiben begannen. Nicht nur deswegen ist der Gingko Biloba, auch japanischer Tempelbaum

genannt, vielen Menschen und Mystikern heilig. Für sie birgt er das Geheimnis der Unsterblichkeit. Genauso beeindruckend wie seine Überlebenskraft sind seine Heilkräfte und der Einfluß, den er auf den menschlichen Geist hat. Vor magischen Ritualen als Tee getrunken, mobilisiert er nicht nur die Selbstheilungskräfte des Körpers, sondern erhöht die Durchblutung des Gehirns und besonders das Wahrnehmungsvermögen.

Johanniskraut

Drei Anwendungsgebiete sind besonders hervorzuheben:
Es wirkt hervorragend als Antidepressivum und wird als solches seit mehr als zweitausend Jahren bei Angstzuständen, Schuldgefühlen und Schlaflosigkeit verwendet.
Als Öl hat es hervorragende Heilwirkung bei Sonnenbränden und leichten Verbrennungen. Hierbei darf man sich aber nicht mehr hellem Licht aussetzen, da das Öl die Lichtempfindlichkeit der Haut herabsetzt. In der Sonne würde man sich also noch mehr verbrennen.
Über viele Jahrhunderte hinweg war und ist das Johanniskraut als Teufelsfluch (*fuga daemonum* = verbanne Dämonen) bekannt und begehrt. Böse Geister werden mit ihm vertrieben.

Lavendel

Gegen Schwäche, Erschöpfung, Kopfschmerzen und Depressionen ist Lavendel ein gutes Mittel. Er wirkt ausgleichend, entspannend und erfrischend. Nicht zu vergessen ist auch die hervorragende, vertreibende Wirkung auf negative Wesenheiten, Geister und Dämonen. Übrigens vertreibt er auch die Motten im Kleiderschrank.

Lemongras

Siehe unter »Zitronengras«, S. 151.

Lorbeerblätter

Durch Lorbeerräucherungen kann man erreichen, daß falsche Freunde von einem fernbleiben. Lorbeeröl sollte man in der Schwangerschaft meiden.

Moschuskörner

Die getrockneten Samenkörner des Abelmoschus verströmen einen süßen, sinnlichen und besonders moschusartigen Duft, der sehr erotisierend wirkt. Daher finden Moschuskörner besonders bei Liebesritualen Verwendung.

Mistel

Sie ist eine Pflanze, die beruhigend auf das Nervensystem wirkt. Über den Vagusnerv verringert sie direkt den Herzschlag und ist mit Weißdorn und Lindenblüten ein gutes Mittel gegen Bluthochdruck. Auch in der Geschichte der Magie gibt es seit Jahrhunderten viele Rezepte, in denen die Mistel (der goldene Zweig) zu äußerst wirkungsvollen Amuletten gegen negative und schwarzmagische Angriffe verarbeitet wird. Bei den alten Germanen wurde sie hoch geschätzt, den Druiden war sie heilig.

Myrrhe

Für Weihe- und Reinigungsrituale ist Myrrhe, neben Sandelholz und Weihrauch, ein weiterer wichtiger Bestandteil.
Dieser holzig-warme Duft ist ein altüberliefertes Heilmittel, das nicht nur antibakteriell, z. B. bei Grippe, hervorragend wirkt, sondern auch bei offenen Wunden die Narbenbildung verringert. Myrrhe sollte man während der Schwangerschaft meiden.

Myrte

Ein angenehm frischer Duft, der durch seine hohe Schwingung eine stark sensibilisierende Wirkung auf unsere Psyche hat. Als

Meditationsduft hat er überdurchschnittliche Klärungs- und Reinigungseigenschaften und ist deshalb zum Öffnen und Entspannen der Chakras hervorragend geeignet.

Narde

Dies ist ein erdig-holziger Duft, der uns hilft, unsere wahren Freunde zu erkennen, gleichzeitig hält er böse Geister fern oder vertreibt sie.

Patchouli

Mit seinem vollen, schweren und süßen, erdigen Duft stellt er die Verbindung zur Erde her. Er gibt uns Kraft und vertreibt negative Gedanken. Als Aphrodisiakum schätzt man ihn seit vielen Jahrhunderten. Nicht nur im Bereich der Liebe läßt er uns neue, teilweise ungewöhnliche Wege einschlagen. Auf diesen (Grat-)Wanderungen werden wir ähnlich beschützt wie von Lavendel.

Rose

Königin der Blumen, Blut der Venus, ihr leidenschaftlicher Duft hat eine sehr tiefe seelische Wirkung und ist der Liebesduft schlechthin. Die Rose als Blume, Rosenblätter und Rosenöl verwendet man in den verschiedensten Variationen bei Liebesritualen aller Art. Der sexuell stimulierende Duft öffnet das Herz eines Menschen und läßt die geheimsten Sehnsüchte und Hoffnungen ans Tageslicht treten. Bei Liebesleid tröstet die Rose und heilt das leidende Herz.

Rosmarin

Seit über 2000 Jahren ist Rosmarin in der Küche, in der Medizin und in der Magie bekannt und geschätzt. Als Räucherung verwendet man Rosmarin, um Freundschaft und Treue zu erneuern und zu binden. Das ätherische Öl hat mit seinem frischen und belebenden Duft große Wirkung auf unsere mentale Wachheit.

Salbei
Um höhere Bewußtseinszustände zu erreichen, ist Salbei ein gutes Mittel. Er fördert die Konzentrationsfähigkeit und stärkt das Denkvermögen, er hat heilende, manche sagen sogar lebensverlängernde Eigenschaften. Er ist auch gut bei Reinigungsritualen zu verwenden. Wenn Sie bei Krankheiten das Öl auf die Haut geben wollen, so sollten Sie es vorher stark verdünnen, da es sonst Hautreizungen auslöst. Bei Schwangerschaft bitte nicht verwenden, da das Salbeiöl abtreibende Wirkung haben kann.

Sandelholz
Ist ein wichtiger, für mich der wichtigste, Grundstoff für Räucherungen. Wegen seiner hohen Schwingung wird es seit etwa viertausend Jahren sowohl bei vielerlei Heil-, Weihe- und Schutzräucherungen als auch bei exorzistischen Handlungen eingesetzt. Als transformierendes Räuchermittel ist es äußerst wirkungsvoll bei allen Tätigkeiten, die mit Wahrsagen, Meditation und Trancearbeit zu tun haben. Der in Indien beliebteste Räucherstoff – Sandelholz ist dort heilig – wird z. B. verbrannt, um die Seele und den Körper zu reinigen.
In moslemischen Ländern sagt man, daß der Duft von Sandelholz, das bei Toten verbrannt wird, die Seele in den Himmel trägt.
In vielen asiatischen Ländern streut man Sandelholzpulver in buddhistische Tempel, in Wohnungen und Häuser, um alles Negative zu vertreiben. In uralten chinesischen Schriften, im Sanskrit und in alten ägyptischen Schriften findet man Rezepturen für religiöse Rituale mit Sandelholz. Es gibt noch viele

Anwendungsmöglichkeiten, wie z. B. in der Kosmetik oder der Medizin, die aber den Umfang dieses Buches sprengen würden. Darum möchte ich zum Schluß nur noch einen Hinweis für alle bringen, die Geister beschwören wollen. Räuchern Sie Sandelholz gemischt mit Lavendelblüten in einer Neumondnacht.

Teebaum
Die phantastischen gesundheitlichen Aspekte des antibakteriell, antiviral und antifungizid wirkenden Öls sind in diversen Büchern eingehend erläutert, deshalb möchte ich mehr auf die psychisch-magische Wirkungsweise eingehen.
Auf der spirituellen Ebene, insbesondere bei Meditationen, hilft uns das Teebaumöl, die Ruhe zu erlangen, die für eine direkte innere Schau notwendig ist. Durch sie können wir uns mit dem universellen Bewußtsein verbinden und zu einer höheren Erkenntnis gelangen.

Thymian
Bei Ritualen oder magischen Arbeiten fördert Thymian die übersinnlichen Fähigkeiten, insbesondere die Hellsichtigkeit. Er bietet auch guten Schutz vor negativen Einflüssen. Das Öl darf nie pur auf die Haut gegeben werden, sondern nur sehr stark verdünnt (einprozentige Lösung).
Bei einer Schwangerschaft sollten Sie das Öl grundsätzlich nicht verwenden.

Tonkabohnen
Mit ihrem vanilleartigen Geruch wirkt die braune Tonkabohne euphorisierend und erweckt die Sinnlichkeit. Die Bohnen werden auch dazu benutzt, um Glück und Liebe anzuziehen. Für den Verzehr sind sie nicht geeignet.

Teufelsdreck

Mit seinem beißenden Geruch ist der Teufelsdreck ein Grundbestandteil der Räucherung bei vielen Schadensritualen oder bei der Abwehr von Verfluchungen und dergleichen.

Vetiver

Mit diesem warmen, erdigen, etwas an waldiges Moos erinnernden Duft finden wir zu unseren Wurzeln. Die Verbindung zur Erde, zum Urweiblichen, aus deren unendlicher Quelle wir aufbauende und stärkende Energie schöpfen, wird mit diesem Duft hergestellt. Er vermittelt Vertrauen und Sicherheit zu mehr Körperlichkeit und ist deswegen stärkend und sexuell stimulierend.

Wacholderbeere

In vielen mystischen Überlieferungen sind ihre magischen Kräfte beschrieben. Das Öl der Wacholderbeere vertreibt Verfluchungen, negative Schwingungen und dunkle Mächte. Als Schutzmittel hilft es außerdem Menschen, die in Momenten der Überraschung weder sprechen noch handeln können.

Ylang Ylang

Ist ein wichtiger Bestandteil von Zaubertränken, Aphrodisiaka und Liebeselixieren. Diesem leidenschaftlichen, erotisch-betörenden Duft erliegt man auf der Stelle. Ylang Ylang ist eines der stärksten Öle, die direkt im emotionalen Bereich wirken. Das Öl weckt und verfeinert die sexuellen Energien, verstärkt die Sinnlichkeit sowie die Ausstrahlung und macht begehrenswert.

Zitronengras

Ein stark duftendes Gras, das erfrischt und geistig anregt. Es hat bewußtseinserweiternde Eigenschaften und ist die richtige Räucherung bei Ritualen, die mit Hellsicht und Visionen zu tun haben.

Schlußwort

Ich hoffe, daß ich Ihnen, liebe Leserinnen und Leser, mit diesem Buch einen Einblick in die weiße Magie, die ich praktiziere, geben konnte. Es freut mich auch, wenn es Ihnen eine Hilfe ist, selbst in die Welt der weißen Magie einzusteigen oder Ihr Wissen zu erweitern, und wenn es Ihnen als Leitfaden dient, um das eine oder andere Ritual zu zelebrieren. Natürlich können Sie alle gesprochenen Worte, die in den Ritualen vorkommen, Ihren persönlichen Bedürfnissen gemäß verändern oder erweitern. Der ursprüngliche Sinn sollte jedoch erhalten bleiben. Nicht verändern sollten Sie die Zutaten und die angegebenen Zeiten, da diese alle auf ein bestimmtes Ziel bzw. eine Wirkung abgestimmt sind. Da alles im Universum auf Ursache und Wirkung beruht, ist unser Ritual, mit allem was dazu gehört, die Ursache, mit der wir die entsprechende Wirkung erzielen. Wenn Sie Fragen haben oder diverses Ritualzubehör und Talismane oder Amulette bestellen möchten, schicken Sie mir Ihren Brief an folgende Adresse:

Theresia Baschek
Postfach 1133
21706 Drochtersen
Telefon 0171/27 12 184

Ich wünsche Ihnen, daß das, was Sie sich bei Ihren Ritualen erbitten, in Erfüllung geht.

Be blessed !
Ihre

Hexe Theresia

Steffi Feistel-Kasparek

Weiße Magie für Frauen

Rituale und Meditationen für den Alltag

- Rituale zu Gesundheit, Schönheit und Lebenskraft
- Mondzauber und weibliche Mysterien
- Die heilende Kraft der Steine, Ketten und Talismane
- Die Magie der Düfte

Kartoniert, ca. 160 Seiten
ISBN 3-8138-0500-X

Mit diesem Buch wird Ihr Alltag zur Magie. Geschrieben von einer Frau für Frauen, orientiert sich dieser Ratgeber speziell an den weiblichen Bedürfnissen. Er macht Sie mit den Grundsätzen magischen Handelns vertraut und gibt Ihnen zu allen Lebensbereichen die richtigen Rituale an die Hand: für Beruf, Familie, Gesundheit, Schönheit und für Glück in Beziehungen. Magische Rituale werden Ihnen dabei helfen, Ihre geheimsten Träume zu verwirklichen.

Bücher aus dem Peter-Erd-Programm finden Sie im Buchhandel.
Fordern Sie das kostenlose Gesamtverzeichnis an bei:

Verlag Peter Erd
Gaißacher Straße 18
81371 München
Tel. (089) 7 25 30 04
Fax (089) 7 25 01 41

Bran O. Hodapp & Iris Rinkenbach

Weiße Naturmagie

- Entdecken Sie das magische Wissen unserer keltischen und germanischen Vorfahren
- Praktische Anleitung zur Nutzung der verborgenen naturmagischen Kräfte
- Heilung und Schutz durch Anrufung keltischer Götter, magische Feste u. v. m.

Kartoniert, 14 x 20,5 cm
ca. 160 Seiten
ISBN 3-8138-0485-2

Bücher aus dem Peter-Erd-Programm finden Sie im Buchhandel.
Fordern Sie das kostenlose Gesamtverzeichnis an bei:
Verlag Peter Erd
Gaißacher Straße 18
81371 München
Tel. (089) 7 25 30 04
Fax (089) 7 25 01 41

Tauchen Sie ein in die geheimnisumwitterte magische Welt unserer keltischen Vorfahren! Dieses Buch verrät Ihnen die Lage alter, machtvoller Kraftplätze. Sie werden eingewiesen in das Wissen um Erdheilungs- und Wetterrituale und die Herstellung von Kraft- und Heilelixieren. Verschaffen Sie sich Zugang in das Reich Merlins, der Naturgeister und Wesenheiten, die Ihre Helfer werden.

Bran O. Hodapp / Iris Rinkenbach

Rituale der Weißen Magie

- **Die Fortsetzung des Bestsellers »Weiße Magie«**
- **Spirituelles Wachstum mit Ritualen**
- **Lebenshilfe für alle Bereiche des Alltags**

ca. 168 S., kartoniert
ISBN 3-8138-0458-5

Vertrauen Sie Ihren verschütteten ureigensten Kräften, um negative Energien und destruktive Kräfte, die Ihr Leben beeinflussen, erfolgreich abzuwehren! Dieser Ratgeber geht auf die breite Palette der Lebensbereiche ein, in denen diese alte Kunst eine wahre Hilfe darstellt: Ehe und Partnerschaft, Kinder, Beruf, Geld und Finanzen, Krankheit und Psyche.

Bücher aus dem Peter-Erd-Programm finden Sie im Buchhandel.
Fordern Sie das kostenlose Gesamtverzeichnis an bei:
Verlag Peter Erd,
Gaißacher Straße 18
81371 München
Tel. (089) 725 30 04
Fax (089) 725 01 41

Trutz Hardo

Wiedergeburt

Die Beweise

- Kinder und Erwachsene erinnern sich an ihre früheren Leben
- Unwiderlegbare Zeugnisse für die Authentizität der Reinkarnation
- Beweise für die Reinkarnation aus allen Teilen der Welt

Kartoniert, 14 x 20,5 cm
160 Seiten
ISBN 3-8138-0484-4

Zu Recht kann dieses Werk als Auslöser einer »Kopernikanischen Wende« im Denken der Menschheit gesehen werden. Anhand der dreißig weltweit überzeugendsten Fälle beweist der berühmte Rückführungstherapeut die Reinkarnation. Das leicht verständliche und fesselnde Buch ist ein Muß für jeden, der sich mit dieser interessanten Thematik auseinandersetzt.

Bücher aus dem Peter-Erd-Programm finden Sie im Buchhandel. Fordern Sie das kostenlose Gesamtverzeichnis an bei:
Verlag Peter Erd
Gaißacher Straße 18
81371 München
Tel. (089) 7 25 30 04
Fax (089) 7 25 01 41

Eckart Warnecke

Praxisbuch des magischen Wohnens

- Gesundheit und Erfolg im Leben durch die richtige Wohnumgebung
- Schutz vor negativen Energien
- Rituale der Wohnmagie
- »Westliches Feng Shui«

Kartoniert, 14 x 20,5 cm
ca. 160 Seiten
ISBN 3-8138-0490-9

Bücher aus dem Peter-Erd-Programm finden Sie im Buchhandel.
Fordern Sie das kostenlose Gesamtverzeichnis an bei:
Verlag Peter Erd
Gaißacher Straße 18
81371 München
Tel. (089) 7 25 30 04

Kaum eine spirituelle Technik ist bisher mehr mißverstanden worden als Feng Shui – und das nicht zuletzt deshalb, weil uns der entsprechende kulturelle Nährboden fehlt. Eckart Warnecke gelang es, die Elemente des Feng Shui mit westlicher Spiritualität zu verbinden und zum Programm des »Magischen Wohnens« zu verschmelzen. Gestalten Sie Ihre Wohnung so, daß Sie vor Streß, negativen Energien und Erdstrahlen geschützt sind.

Margret Madejsky/Olaf Rippe

Heilmittel der Sonne

- **Heilwirkung der Sonne**
- **Zahlreiche »Sonnenrezepte«**
- **Sonnenfeuer in Pflanzen, Tieren und Edelsteinen**
- **Das »Sonnenmetall« Gold**
- **Zahlreiche, außergewöhnlich schöne Farbfotos**

192 S., Klappenbroschur
durchgehend farbig
ISBN 3-8138-0414-3

Zahlreiche Heilmittel, Pflanzen, Mineralien und sogar Tiere, stehen eng mit der Sonne in Verbindung. Eine Vielzahl praktischer Rezepte ermöglicht es Ihnen, die Kraft der Sonne für sich zu nutzen.

Bücher aus dem Peter-Erd-Programm finden Sie im Buchhandel.
Fordern Sie das kostenlose Gesamtverzeichnis an bei:
Verlag Peter Erd,
Gaißacher Straße 18
81371 München
Tel. (089) 725 30 04
Fax (089) 725 01 41